KB006318

일본
건축의
발견

일본
건축의
발견

일본건축은
어떻게 세계건축계의
주류가 되었는가

최우용 지음

궁리
KungRee

사랑하는 나의 아버지

붙잡지 못해
떠나보낸 것에 대하여

이종건(건축평론가)

일본건축을 장구한 시간의 틀에서 살피는 이 책은, 지금의 우리건축을 대면케 하는 거울이다. 우리건축이 한사코 붙잡고자 애썼으나 끝내 붙잡지 못한, 그러다 어느 시점부터 그것뿐 아니라 그리했던 기억마저 망각한 우리건축의 빈 구멍을 다시 응시하게 하는 거울이다. 그리고서 뼈아프게 자문케 한다. 우리건축은 어디로부터 와서 어디에 있으며 어디로 가고 있는가?

이 책의 저자 최우용은 단 하나 바로 그 질문을 지금 여기 소생시키기 위해, 일본건축이 발원한 지점부터 지금 여기에 이르는 긴 역사적 궤도를 개관하는데, 우리가 특히 주목해야 하는 부분은 일본 현대 건축가들이 밟아온 일종의 자아성장의 길이다.

오늘날 세상에서 건축을 가장 잘, 아니 좀 더 현실적인 표현으로, 건축을 할 수 있는 국가는 일본과 스위스뿐이다. 지금은 오직 그 두 국가만 건축하기에 부족함이 없는 제작기술과 장인정신을 오롯이 소유하고 있기 때문인데, (서구의) 건축역사에 기입되기에 전혀 부족함이 없는 건축적 업적의 성취라는 관점에서 보자면, 스위스는 일본과 견주기에 턱없이 부족하다. 결론적으로, 일본은 건축영역에서 세계 최고다.

일본이라는 나라의 현대 건축가들은 건축을 도대체 어찌해 왔기에 그런가? 다르게 말해, 우리는 건축을 어찌했기에 건축적 으로 (불편한 표현이지만) 여전히 낙후한 상태에 머무르고 있는 가? 최우용은 정확히 이 질문을 품고 이 책을 써낸 것이 틀림없 다. 그가 비록 여기서 그렇게 딱 부러지게 말하고 있지는 않지만, 그 문제의식은 의심의 여지없이 여러 행간에 서성인다. 그럴 뿐 아니라, 그는 그 질문에 대답하고자 이리저리 고투한다. 우리가 간단히, '서구건축의 학습-반성적 자아에 눈뜨기-정체성 모색'의 길을 '충실히' 밟아온 결실이라는 답변을 읽어낼 수도 있겠지만, 그가 사유의 고투를 통해 이 책에서 내어놓고 있는 실마리는 복 수적이고 다층적이어서 더 넓고 깊다. 철저한 번역의지며, 세계 뿐 아니라 삶의 조건들에 대한 명증한 인식과 대결의식과 부단한 실천의지 등이 그중 일부인데, 우리가 우리의 건축이 밟아나갈 길을 찾기 위해 고민하고 논의해야 할 문제들, 곧 그가 이 책을 집

필하는 동안 내내, 그리고 아마도 출판하는 시점까지 심중에 두고 있는 문제들은, 결국 독자인 우리가 캐낼 수밖에, 혹은 만들어낼 수밖에 없다. 그리하기 전에 우선, 크든 작든, 혹은 현실적으로 유용하든 그렇지 않든, 우리는 어떤 문제 하나도 끝까지 붙들고 씨름해본 역사가 없다는 사실은 통렬하게 반성해야 할 과제다.

지금 우리의 얼굴은 우리가 살아온 모든 삶 곧 우리 역사의 표면이다. 그리고 항차 우리가 마주쳐야 할 미래의 우리 얼굴의 조형은, 지난 삶의 단층들을 어떻게 재구성해 길을 열어나가느냐에 달렸다. 우리의 얼굴이 보여주는 모든 증상 혹은 징후는, 우리가 미처 채우지 못하고 지나친 구멍들의 나타남인데, 그런 점에서 최우용이 정작 보여주는 것은 일본건축이 아니라 우리건축이다.

일러두기

1) 일본의 지명, 인명, 건물명 등에 해당하는 고유명사는 일본어 발음으로 표기하였다. 단, 지명의 경우 행정단위를 나타내는 한자어는 우리말 발음으로 표기하였다. 경우에 따라서 우리말 발음을 병기하였다.
예) 규슈(九州)현(縣), 안도 다다오(安藤忠雄), 호류지(法隆寺, 법륭사) 등

2) 이외의 일본어 단어는 일본어 발음표기를 원칙으로 하되 우리말 한자음 표기가 이해하기 쉽거나, 관용적으로 우리말 한자음 표기가 많이 사용되는 경우는 우리말 한자음으로 표기로 하였다. 경우에 따라서 일본어 발음표기를 병기하였다.
예) 일본서기(日本書紀), 천황(天皇, 텐노) 등

3) 일본어 발음으로 표기하는 단어에 한국 독자에게 익숙한 일반명사나 접사 등이 붙어 한 단어를 이루는 경우, 붙은 한자어는 우리말 한자음으로 표기하였다.
예) 조몬(縄文)시대, 도쿄(東京)대학 등

4) 건축 공법 및 부재 등을 일컫는 일본어 단어 중 우리의 그것과 표기는 다르나 의미가 동일한 용어가 있다면 우리식 용어를 사용하였다.
예) 일본어 : 다루키(垂木) → 우리말 : 서까래
　　일본어 : 스미기(隅木) → 우리말 : 추녀

5) 인용부호
『』: 도서명, 잡지명 등의 단행본
「」: 신문, 논문 등 기타

6) 본 저서의 2장 및 3장의 내용은 저자의 석사학위 논문인 「단게 겐조 건축에 나타난 일본적 전통의 특성에 관한 연구」를 바탕으로 쓰였음을 밝힌다.

'일본건축'이란
거울을 들여다보며

일본은 가까우면서 또 멀다. 지리적으로 가까운 우리와 그들은 늘 부딪치고 부대꼈다. 부딪치며 교우했고 부대끼며 반목했다. 우리와 그들의 역사는 가깝고도 먼 거리를 무시로 오가며 공통과 차이의 문화를 엮어냈다.

그러나 우리는 얼마나 객관적인 시선으로, 또 얼마나 심도 있는 시선으로 그들을 응시하고 있는가? 우리는 차갑고 냉철한 시선으로 그들을 통하여 우리를 비춰보고 있는가?

36년 오욕의 시간은 가혹한 것이었다. 식민주의의 망령이 아직도 우리 사회 여기저기에 출현하는가 하면, 그들의 존재형식 자체를 부정하는 시선도 가득하다. '일본은 있다'와 '일본은 없다'의 양 끝에 아직 우리는 서 있다. 혐오와 무시와 멸시, 원한과 질시와 폄훼 그리고 식민주의의 망령과 극일과 항일의 콤플렉스 속에서 우리에게 그들은 온전한 타자일 수 없다. 일그러진 거울은 일그러진 상을 비춰낼 뿐이다.

일본건축의 역사는 어떤 여정을 거쳐 오늘에 이르렀는가?

돌에게서 쇠에게로 넘어오던 시기, 그러니까 금석병용(金石竝用)의 시기부터 일본의 문명과 문화는 싹이 텄다. 조몬(繩文)과 야요이(彌生)라 불리던 그 시기에 이미 선사 일본인들은 동혈주거(洞穴住居)에서 수혈주거(竪穴住居)로 넘어와 있었다. 컴컴한 동굴을 나와 땅을 파고 움집을 짓고 살던 그들은 농경과 더불어 한곳에 정착해 살기 시작했다. 자연의 보호처에서 인공의 집으로 넘어가는 그 시기에 일본건축의 역사는 비로소 시작되었다.

열매 따먹고 물고기 잡아먹던 시절에 쟁일 만큼의 획득은 불가능한 것이었다. 초기의 인류가 여기저기 떠돌며 방랑하던 시기에 잉여란 있을 수 없는 것이었는데, 농경과 정주는 잉여를 가능케 했고 이 잉여에 기대어 권력은 출현할 수 있었다. 히미코(卑彌呼) 여왕과 야마토(大和) 정권은 일본 고대 권력을 형성하며 고훈분카(古墳文化)시대를 열었다. 이 당시의 집들은 절대다수의 수혈주거와 소수의 평지 또는 고상주거로 구성되었는데 평지 또는 고상주거의 구조골격과 기술수준은 수혈주거와 비교해 크게 다르지 않았다. 땅에 기둥을 박아 넣고 그 기둥에 도리 등의 수평부재를 엮어 구조의 큰 꼴을 구성하는 굴립주(掘立柱) 목조가구식(木造架構式) 구조란 점에서 그것들은 서로 동일한 것이었다.

이후, 아스카(飛鳥)와 나라(奈良) 그리고 헤이안(平安) 시대를 거치며 한반도와 중국대륙의 건축이 이식되었다. 뭍에서 바다를 건너온 사람들, 도래인(渡來人)들에 의해 섬나라 일본의 문화는 일신했다. 건축 또한 경천동지했다. 선진의 건축기술은 그들에게 문화충격이었다. 땅에 구멍 파서 기둥을 세우고 매듭으로 부재를 연결하는 방식은, 석재기초와 대형화된 부재의 견고한 맞춤과 잇기로 혁신되었다. 일본 전통건축의 큰 틀은 이 당시에 결정되었다.

고대의 종말과 더불어 일본 정치권력과 정신문화의 정점에 서 있던 천황(天皇, 텐노)은 박제된 권력으로 밀려났다. 권력이 거세된 그들은 군림하나 지배할 수 없었다. 그 권력은 칼을 쥔 가문, 무가(武家, 부케)에게 넘어갔다. 다이쇼군(大將軍)이 간바쿠(關白)가 되어 정치권력의 수장이 되는 막부(幕府, 바쿠후) 정치가 시작되었다. 막부의 정치세력은 무를 기반으로 서 있으나 문과 함께했다. 그들에게 문무는 분리될 수 없는 것이었으며, 칼과 붓은 모두 통치의 도구로써 서로 같은 것이었다. 이 당시 일본의 건축은, 더 이상 뭍에서 건너온 이들의 손을 빌리지 않았으며, 중앙집권과 지방분권의 균형적 사이에서 도래의 건축을 그들의 건축으로 세련되게 다듬어 나갔다. 더불어 이 당시는 일본의 건축이 한반도와 중국대륙의 건축과는 다른 그들만의 기술적 진보를 이뤄낸 시기이기도 했다. 이 시기 일본의 건축은 기술적으로 반도와 대륙과는 다른 새로운 공법과 이에 부수되는 새로운 건축부재들을 고안해냈다.

서세동점의 물결이 노도와 같이 밀려들었을 때, 일본의 건축은 또 한 번 개벽했다. 함포사격으로 쇄국의 벽이 허물어졌을 때, 막부의 노쇠한 정치지형은 해체되었다. 구세력은 소멸되었으며 신세력이 부상했다. 근대의 여명 속에서 서구의 모더니즘은 탈아입구과 화혼양재의 체에 걸린 채 일본건축 한복판으로 들어왔다. 동양과 서양, 전통과 탈전통의 격렬한 소용돌이 속에서 그들은 그들 건축의 정체성에 대해 고민했다. 이 고민을 바탕으로 그들은 세계건축계, 좀 더 엄밀히 말하자면 서구 중심의 주류 건축계에 주요 일원으로 편입될 수 있었다. 그렇게 오늘의 일본건축은 서 있다.

일본건축 2,000년의 조악한 돌아봄은 이러하다. 이 돌아봄은 우리건축을 비춰보기 위함인데, 그들의 건축과 우리의 건축이 겹치는 공통분모가 매우 넓음을 목도하게 된다. 우리 것이 그들에게 들어가기도 했고, 그들의 것이 우리에게 들어오기도 했으며,

그들의 고민과 우리의 고민이 겹치기도 했다.

　정체성은 자아(나, 우리)와 타자(너, 그들)를 구분할 수 있는 분류근거를 의미한다. 즉 정체성은 고정불변하는 고정태(fixed status)가 아니라 타자와의 비교를 통해 생성되고 구축·변화되는 상대적인 개념인 것이다. 그렇기 때문에 정체성 형성에 있어 타자의 의미는 중요하다. 라캉에 따르면 파편화된 신체 지각을 갖고 있는 유아는 거울에 투영된 자신의 이미지를 자신과 동일시하는 '거울단계'인 상상계를 거쳐, 언어와 문화로 형성되고 중재되는 '보편적 질서의 세계' 또는 '문화적 규율'의 세계에 진입하는 상징계로의 편입을 통해서 비로소 자아의 정체성을 확립하고 사회적 주체로 출현하게 된다. 나 홀로 나의 정체성이 정초될 수 없으며, 나의 정체성은 타자와의 관계설정을 통해 비로소 표표히 떠오르게 되는 것이다. 우리와 가깝고도 먼, 같으면서도 다른 일본의 건축을 통해 우리건축의 정체성은 보다 선명해질 수 있을 것이다. 그 선명히 떠오르는 것들을 가지런히 추려낼 수 있을 때, 우리는 좀 더 주체적인 우리의 집짓기를 할 수 있지 않을까? 이 글, 타자로서의 일본건축 이야기는 이 작은 소망에 대한 짧은 에세이다.

차례

1장

열도의 오래된 건축

동굴에서
움집으로

사헬란트로푸스 차덴시스에서
호모 사피엔스까지

투마이.[1] 투마이는 두 발로 걸었을 것이라고 추정되는, 오늘의 인류가 발굴해낸 가장 오래된 고인류의 두개골 화석이다. 두개골만이 온전한 형태로 발굴된 투마이—학명 사헬란트로푸스 차덴시스(*Sahelanthropus Tchadensis*)는 해부학적

---

1 투마이(Toumaï)는 2001년 아프리카 차드의 주라브 사막에서 발견된, 약 700만 년 전의 영장류 두개골 화석에 붙여진 애칭이다. 투마이는 차드어로 '삶의 희망'이라는 뜻이다. 일반적으로 고인류로의 분류는 직립보행의 여부로 판단되는데, 이는 직립보행에 수반되는 두 손의 자유로운 사용에 따른 것이다. 투마이는 해부학적 추론을 통해 직립보행했을 것이라고 여겨지고 있으며, 이를 근거로 인류고고학계는 투마이를 고인류의 시초로 분류하고 있다.

추론을 통해서 직립보행(直立步行) 했을 것이라고 추정되고 있다. 오래된 이 인류의 선조는 네발 걷기(사족보행)에서 두발 걷기(이족보행)의 걸음마를 시작했던 것인데, 이로 인해 인류의 두 손은 걷기의 종속에서 벗어날 수 있었다. 그러나 투마이의 두개골만으로는 그가 살았던 주거환경을 추론하기 어렵다.

루시.[2] 루시는 두 발로 걸었음이 분명한, 전신 골격의 약 40% 가량이 발굴된 원시인류의 화석이다. 발굴된 40%의 화석은 특정 부위에 집중되어 있지 않았고, 전신의 얼개를 추론할 수 있을 만큼 적당히 흩어져 있었다. 학명 오스트랄로피테쿠스 아파렌시스(*Australopithecus Afarensis*)의 화석유골은 해부학적으로 그녀가 완전히 직립보행했음을 보여준다. 그러나 그녀의 두 팔, 두 손은 걷기에는 자유로웠으나, 여전히 유인원의 태(胎)를 벗어나지 못했음 또한 보여준다. 그녀의 팔뼈, 손뼈는 현생인류 그것보다는 고릴라 또는 침팬지 같은 유인원의 그것에 가까웠다. 그녀의 팔뼈와 손뼈는 무척 길었다. 걷기에서 자유로워진 두 팔, 두 손이었으나 그 두 팔, 두 손은 나무를 향한 그리움을 아직 간직하고 있었

---

2 루시(Lucy)는 1974년 에티오피아의 강가에서 발견된, 약 350만 년 전의 영장류 전신 화석에 붙여진 애칭이다. 생물학적 여성이었던 이 화석에는 여성 이름 '루시'가 부여되었다. 투마이가 발견되기 전까지 루시는 인류가 발굴해낸 가장 오래된 직립보행 고인류의 화석이었다. 투마이의 발굴과 함께 루시는 '최초의 인류'란 타이틀을 잃게 되었다.

다. 당시 두 발로 걷던 오래된 인류는 아직 나무 위에서 완전히 내려오지 못하고 있었다.

호모 에렉투스(*Homo Erectus*). 호모 에렉투스는 두 발로 뛰었음이 분명한, 직립주행(直立走行)했던 인류의 조상이다. 호모 에렉투스의 골격은 두개골 용량을 제외한 상당 부분의 해부학적 특징들이 현생인류의 그것들과 유사했다. 그들은 두 발로 뛰며 야생 속 생존의 가능성을 높였고, 자유로워진 두 손을 이용해 도구들을 제작해 나가며 생존을 향한 열망을 불태웠다. 손재주 좋은 이들―호모 하빌리스(*Homo habilis*)의 후손인 그들은 자유로워진 두 손을 적극 이용하며 삶의 지평을 넓혀나갔다. 무엇인가를 만들어내는 능력. 그들의 도구제작 능력을 통해서, 비로소 인류 인공(人工)의 시대는 개막되었다. 프랑스 남부 테라 아마타(Terra Amata, 약 40만 년 전의 주거유적)에서 발굴된 오두막 집자리는 호모 에렉투스들이 원시적인 주거 구조물을 세웠음을 보여준다. 그러나 사냥과 채집을 통한 그들의 생활방식으로 판단하건대, 영구적인 정착을 위한 건축물이라기보다는 일시적인 보호처(shelter)의 역할이었을 것이라고 판단된다.

호모 사피엔스(*Homo Sapiens*). 호모 사피엔스는 현생인류의 가장 직접적인 조상이다. 그들이 곧 우리다. 두개골 용량을 포함하여 현생인류와 해부학적 특징들이 거의 동일했던 그들은 두 발로 걷고 또 뛰었으며 두 손을 부지런히 놀려대며 이런저런 도구들을 만들어냈다. 그리고 그들은 머물러 살기 위한 집을 짓기 시작했다. 이 슬기로운 현생인류는 씨를 뿌리고 그것들을 길러내 거둬 먹을 줄 알았다. 수렵과 채집의 약탈경제에서 농경을 통한 생산경제로의 전환. 눈먼 자의 눈뜸과도 같은 이 경이로운 삶의 지평 확장은 인류사의 개벽이었다. 나무에서 내려와 먹거리를 찾아 유랑하며 이 동굴 저 동굴을 전전하던 인류가 경작을 위해 한 곳에 눌어붙어 살기 시작했던 것이다. 그들은 정주하며 건축했다. 그 정주를 위한 건축은, 돌도끼나 돌칼 따위의 손아귀에 쥘 수 있는 규모를 벗어나 제 자신의 신체를 담아내는, 당시까지 전인미답 규모의 거대도구를 제작하는 것이었다.

인류 최초의 집들을 건축사는 린투(lean-to), 오두막(hut), 천막(tent), 움집(pit house) 등으로 분류하여 기술하고 있으나, 그것들의 구조와 원리는 모두 동일한 것이다. 동굴을 나온 오래전 인류는 눈과 비를 피할 공간을 만들어야 했다. 그래서 그들은 무엇인가로 뼈대를 만들었고 그 만들어진 뼈대-골격 위에 무엇인가를 덮어서 은신과 피신을 위한 공간을 만들었다. 셸터의 건축과 더불어 인류 건축사는 시작되었다고 할 것이다.

그 구축을 위한 뼈대는 주변에서 쉽게 구할 수 있는 재료여야 했으며, 인장력과 압축력, 휨력 등과 같은 구조적 강도가 모두 적당하되 쉽게 가공할 수 있는 것이어야 했다. 이러한 건축부재들은 거의 대부분 나무였을 것으로 추정된다. 나무로 수직부재인 기둥을 세우고 그 위에 수평부재인 도리 등을 얹은 후 사선부재인 서까래를 걸쳐 대략의 골격을 완성하면, 그러한 형태의 원시적 구조물이 린투가 되는 것이고, 여기에 식물성 또는 동물성 재료를 덮으면 오두막 또는 천막 등이 되는 것인데, 보온효과를 위해 땅 밑바닥을 파내면 움집-수혈주거(竪穴住居)가 되는 것이다. 수혈주거는 원시주거의 모든 태를 포함하고 또 종합한 인류 최초의 주거형태라고 할 수 있다. 동굴살이, 즉 동혈주거에서 벗어나 수혈주거로 넘어오며, 비로소 인류의 건축사는 시작되었다.

조문에서
야요이까지

아프리카에서 발원한 호모 사피엔스들은 동으로 또 동으로 이동했다. 그들이 유라시아 대륙을 횡단해 지금의 일본 지역에 도착했던 시기를 일본의 역사학계는 약 4만 년 전에서 3만 년 전으로 추정하고 있다. 홍적세(200만 년 전~1만 년 전) 당시에는 해수면이 현재보다 100m 이상 낮았다. 그들은 걸어서 일본'대륙'으로 들어왔고, 충적세(1만 년 전~현재)에 이르러 섬으로 변한 일본'열도'에 고립되었다.

초기 일본의 선사인들이 다만 기능에만 순전한 그리하여 문화적 향취를 거의 찾아볼 수 없는 건조한 돌도구에서 벗어나, 공통된 문화적 특징들을 부여할 수 있는 문명의 이기를 생산한 시기는 약 1만 2천 년 전이었다.[3] 이 시기를 조몬시대(繩文時代, BC12000~BC300)라 하는데, 발굴된 대부분의 토기 표면에 새끼줄 문양(繩文, 조몬)이 새겨져 있기 때문에 '조몬'이라 이름 붙여졌다. 초기의 조몬인들은 동굴에도 살았고 움집에도 살았다. 조몬시대 이전의 동굴유적으로는 나가사키현(長崎縣) 우키하시(うきは市)에 있는 후쿠이(福井) 동굴과 사세보시(佐世保市)에 있는 센후쿠지(泉福寺) 동굴 등이 있는데, 조몬시대 초기에도 이런 동굴살이는 지속되었던 것으로 보인다.[4] 동굴 깊숙한 곳에서는 석기와 토기들이 다량 발굴되었고 불을 피웠던 흔적인 노지(爐址) 또한 발굴되었다. 그들은 동굴에서 불을 피우면서 석기와 토기로 생활의 이것저것을 감당하며 살았다.

---

3 일본의 선사시대는 조몬시대에서부터 야요이시대를 거쳐 고훈분카시대에 이르는, 기원전 약 1만 2천 년 전부터 기원후 500년경까지를 일컫는다. 우리의 역사학계가 우리의 선사시대를 구석기시대와 신석기시대 또는 초기 철기시대와 같이 기술문명에 따른 명칭으로 통칭하여 구분하는데 비해, 일본의 역사학계는 그들의 선사시대에 매우 적극적인 이름을 부여하며 그들 역사편년 도입부에 문화적 향취를 입히고 있다. 조몬과 야요 그리고 고훈분카란 이름을 통해 일본의 선사시대는 기술문명과 더불어 문화적 지위 또한 공고히 다지고 있는 듯하다.

4 『일본의 건축』, 윤장섭, 서울대학교출판부, pp.26~27.

그러나 그들은 동굴을 나와 이곳저곳에 집을 짓기 시작했다. 조몬시대의 수혈주거 유적은 일본 전역에서 발굴되고 있다. 대부분의 유구는 땅 파기 깊이가 20~30cm 내외로 깊지 않으며 평면의 규모 또한 5m×5m 내외의 소규모다. 땅 파기의 깊이가 깊지 않은 이유는 비교적 온난한 일본의 기후 때문인 것으로 추정되며, 규모가 작은 것은 당시의 모듬살이와 살림살이의 규모가 크지 않았기 때문이었을 것이다. 평면 내부에는 난방과 취사 용도로 사용되었을 노지가 중앙 또는 측면에 위치해 있다. 안에서 불을 피웠으므로 구조물 상부에는 연기가 빠져나갈 수 있는 구멍이 뚫려 있었을 것이다. 조몬인들이 작은 수혈주거 수 호(戶)에서 수십 호를 이루며 옹기종기 모여 살았음을 남겨진 유적들을 통해 알 수 있다.

조몬시대가 끝나갈 무렵, 규슈 북부지역에서 논농사가 시작되었다. 일본 수경농업의 전래는 한반도에서 바다 건너온 이들, 도래인들을 통해 이뤄졌다는 것이 정설로 받아들여지고 있다. 이 도래인들은, 다만 논농사뿐 아니라, 청동기와 철기를 함께 들여왔고 토착 조몬인들과 섞이면서 열도에 새로운 문화시대를 열었다. 그들은 많은 토기 잔해를 일본열도 여기저기에 남겨놓았다. 1884년 도쿄 야요이(彌生)에서 조몬토기와는 확연하게 다른 형태의 토기가 발견되었다. 새로 발견된 오래된 토기는 발굴지역의 명칭을 따서 야요이토기라 이름 붙였다. 야요이시대가 시작되었다.

논농사를 지었던 야요이시대(BC300~AD300)는 기원 전후에 걸쳐 있다. 이 시기 초기의 건축물은 주거용도의 수혈주거가 대부분이었는데, 농경의 시작과 더불어 건축과 그 건축을 무리지어 배치하는 방식의 변화가 일어났다. 수혈주거의 구조는 더욱 견고해졌고, 외관에는 적극적인 의장 개념이 발생하기 시작했으며, 띄엄띄엄 산개해 있던 움집들은 일정한 위계와 형식을 통해 무리지어 배치되었다.

농업노동을 위한 노동력 결집의 필요성은 모여살기의 규모를 키워 취락을 형성시켰고 잉여 생산물의 발생은 축적과 저장 등을 위한 창고 건축 등을 발생시켰으며, 잉여를 밟고 일어서는 권력 집단과 그들을 위한 특권적 건축이 생겨났다. 생산계층과 권력계층이 분화되었고 그들이 거주하는 공간의 위계가 발생했다. 그리고 잉여 생산물을 약탈하려는 다른 집단들에 대한 방어 또한 필요해졌는데, 취락을 둘러싸는 환호(環濠), 즉 방어용 도랑이 둘러쳐지고 먼 곳을 감시하기 위한 망루 등이 세워졌다. 농경과 정주는 사회구조 그리고 건축의 규모와 형태를 심화 · 분화시켰다.

사가현(佐賀県) 간자키군(神崎郡)에 있는 요시노가리(吉野ヶ里) 선사유적은 야요이시대 환호취락(環濠聚落)의 전형을 보여주고 있다.

요시노가리
선사유적

요시노가리 선사유적은 1986년 발굴조사가 시작되었으며 1989년에 대부분의 전모가 밝혀진 야요이시대의 대표적인 취락유적지다. 요시노가리 선사유적은 발굴 다음 해인 1990년에는 일본 국가사적으로, 이듬해인 1991년에는 특별사적으로 지정되었다. 이곳의 선사유적은 일본 정부의 지대한 관심 속에서 체계적으로 발굴되었으며 정성 들여 공원화되었다. 유적지에는 수많은 집자리와 대규모 분구묘가 발굴되었는데, 집자리의 대부분은 주거용으로 추정되는 수혈주거터였고 고상식 창고와 망루 등으로 짐작되는 굴립주 건물터도 다수 발견되었다. 요시노가리 선사유적의 복원계획 총면적은 약 117헥타르(약 35만 평)이며 2014년 기준 86.7헥타르가 개원되어 역사공원을 이루고 있다.[5]

역사공원은 광활하다. 역사공원은 남쪽마을, 안쪽마을, 창고

---

5   요시노가리 역사공원의 연혁과 현황 등은 현지 안내 팸플릿과 요시노가리 역사공원 공식 홈페이지(http://www.yoshinogari.jp) 등을 참고하였다.

| 요시노가리 선사유적 전경 |

와 시장, 남내곽과 북내곽 등이 발굴지역의 큰 얼개를 이루고 있다. 일반인들이 거주하였던 것으로 추정되는 남쪽마을에는 수혈주거와 창고 등 27동의 건물이 복원되어 있으며, 창고와 시장 구역에는 31동의 건물이 복원되어 있다.

지배자 계층의 거주지역이였던 것으로 추정되는 남내곽에는 수혈주거와 망루 등 20동의 건물이, 지배자들의 업무공간이나 제를 올리던 공간으로 추정되는 북내곽에는 대형 굴립주 고상 건축물을 비롯하여 총 9동의 건축물이 복원되어 있다. 이들 복원된 건축물들은 대다수의 수혈주거와 소수의 창고, 망루 등과 같은 고상 건축물로 이루어져 있다.

수혈주의의
복원

요시노가리 수혈주거는 매우 상세하게 복원되어 있다. 전체적인 꼴을 이루고 있는 구조 골격이 명확하게 구현되어 있으며 겉꼴을 꾸미고 있는 의장 또한 구체적이고 상세하다. 남겨진 수혈주거의 원래 유구는 움푹 파인 집자리와 기둥을 박아 넣었던 구멍 그리고 노지 부위의 탄화된 흔적만을 남겼고, 지상 위 구조물을 이루고 있던 주요 구조 부재인 기둥과 도리, 서까래 그리고 이엉과 억새 등으로 추정되는 벽막이 등은 남겨진 것 없이 모두 사라졌다. 수혈주거는 오직 2차원적 평면만을 흔적으로 남겼는데, 이 흔적들을 가지런히 추리고 또 설득력 있는 추론과 상상력을 덧붙여서 수혈주거는 복원될 수 있었다.

움푹 파인 수혈 내부에는 중심 골격을 형성하는 기둥을 박아 넣은 흔적인 주주혈(主柱穴)이 남아 있으므로 기둥의 위치를 특정하는 것은 어려운 일이 아니다. 수혈 외부에는 벽막이를 지지하는 용도의 서까래를 박아 넣은 흔적인 벽주혈(壁柱穴) 또한 뚜렷한데, 벽주혈은 그 꽂혔던 각도 또한 측정이 가능하므로, 이 벽주혈로부터 가상의 선을 그으면 (기둥 위에 얹히는 수평부재인) 도리의 높이를 추정할 수가 있게 된다. 이를 통해 기둥과 도리 그리고 서까래로 구성되는 구조물의 큰 틀을 복원하는 것이 가능하다. 문제는 그 위를 이루는 상부구조와 수혈주거의 겉꼴을 꾸미고 있는 의장 복원에 있다.

이 난점을 해결하기 위해 일본건축사학의 선구자 오다 히로타로(太田博太郎)는 설득력 있는 의견을 제시했다. 그것은 수혈주거의 흔적이 "오늘날 또는 현대와 극히 가까운 시기까지 무엇인가 형태로 남아 있을 것이라는 전제"[6]하에서 가능한 것인데, 그는 에도시대에 쓰인 『데쓰산히쇼』[7]란 책에서 그 근거를 제시했다.

---

6   『일본건축사』, 오다 히로타로, 박언곤 역, 발언, 이하 큰 따옴표 동일.

그는 이 책에 나와 있는 다타라(高殿)란 건축물의 평면이 수혈주거의 평면과 대단히 유사하다는 것에 주목했다.

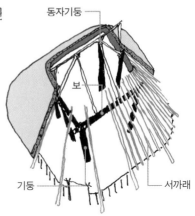

| 다타라의 구조도 |

이 건축물의 그림을 보면 4개의 기둥을 4개의 도리로 엮어서 기본 골격을 만들고 지면에서 도리에 이르는 경사진 부재인 서까래를 걸쳐 벽막이를 걸칠 수 있는 구조를 이루는 것을 알 수 있다. 그리고 도리 위에는 동자기둥 역할을 하는 3개의 부재를 양 끝단에 한 조씩 세워 중도리를 받치고 있는데, 다시 도리와 중도리를 잇는 서까래를 걸쳐 6개의 면을 갖는 건축물을 이루고 있는 것 또한 확인이 가능하다. 오다 히로타로는 "사철의 정련이 고훈(분카)시대부터 있었고, 또한 (오늘날의 일본) 농가가 옛 형식을 남기고 있다고 생각되는 부분이 있으므로, 이 구조법으로 수혈의 상부구조를 지지한다고 보는 것이 타당할 것"이라고 이르고 있는데, 그의 의견과 추론은 그의 말대로 타당성이 있어 보인다.

---

7 『데쓰산히쇼(鐵山秘書, 철산비서)』는 에도시대 제철기술자였던 시모하라 시게나카(下原重仲)가 저술한 책으로 제철법에 관련된 기술 전승, 경영 등을 기록하고 있다. 이어서 기술되는 다타라(高殿)는 사철을 정련하던 건축물을 말한다.

수혈주거 복원의 남은 문제는 장식적인 측면, 즉 의장에 관한 것이다. 당시 일반계층의 주거에는 특별한 장식이 없었을 듯하나, 지배계층의 주거에서는 특별한 의장이 있었을 것이라고 추정하는 것이 합리적이다. 권력과 계급은 그 외형적 형식에 차이를 발생시켜 권위를 독점화하려 하기 때문이다. 요시노가리 선사유적의 지배계층 수혈주거에 나타나는 특화된 의장은 이러한 독점화된 권위 표현의 복원이라 할 수 있다. 요시노가리 지배자들의 움집에 복원된 의장은 지붕의 최상부, 그러니까 용마루의 장식에 집중되어 있다. 이는 일본의 토착건축, 그러니까 도래인들에 의해 새로운 건축이 전해지기 이전에 이미 일본열도에 존재했던 건축인 신사건축 등에서 추론한 것으로 보인다. 신사건축은 비교적 단출한 형태의 굴립주 건축으로 지붕 용마루에 있는 치기(千木)와 가츠오기(堅魚木)가 장식적 의장의 핵심을 이루고 있다. 신사건축의 발생시점을 고훈분카시대로 추정하므로, 신사건축의 독특한 지붕 장식물이 이전의 건축으로부터 영향 받았을 것이라는 전제하에, 야요이시대 수혈주거에 이를 차용하여 복원하는 것은 설득력이 있다고 하겠다.

요시노가리 선사유적 수혈주거의 구조와 의장 복원은 남겨진 유구를 통한 섬세한 연구와 설득력 있는 추론과 상상을 통해 가능할 수 있었다.

일본건축사의
시작

시대의 구분은 선사(先史)와 역사(歷史)를 구분하는 것에서 시작된다. 선사시대와 역사시대의 가름은 기록의 유무에 따른다. 기록(史) 이전(先)의 시대가 선사시대이며, 지난 일(歷)을 기록(史)한 시대가 역사시대이다. 기록의 중심 매체는 문자다. 인류의 문명은 글(文)로써 개벽할 수 있었는데, 비로소 글을 통해 실물의 구체성은 문자의 추상성으로 대체될 수 있었다. 고도의 기술과 세련된 문화는, 번다한 실물의 보존과 나열 없이, 몇 줄의 문장으로 다듬어져 다음 세대로 전해질 수 있었다. 글은 추상화된 프로메테우스의 불이었다.

따라서 문자 이전 시대, 그러니까 기록 이전 시대를 총체적이고도 완벽하게 파악하는 것은 불가능하다. 오직 남겨진 유구들을 통해서만 그 시대에 접근할 수 있기 때문이다. 그래서 선사시대를 파악하기 위해서는 유구의 철저한 발굴과 고증을 포함하여 풍부한 상상력이 기초되어야 한다. 빈곤한 상상력은 빈곤한 역사를 복원하고, 풍부한 상상력은 풍요로운 역사를 복원해낼 수 있다

네 발 걷기에서 두 발 걷기로의 전환은 인류사 최초의 개벽이자 이후 발생한 모든 개벽의 시발점이었다. 인류의 모든 혁명에 앞서 두 발 걷기의 혁명이 있었는데 프로메테우스의 불을 건네받

기 이전, 인류는 이미 스스로 일어나 두 손을 움직이며 삶의 지평을 확장시켜 나갔다. 일본건축의 역사뿐 아니라, 인류의 건축사는 두 발 걷기와 두 손의 자유를 통해 비로소 시작되었다고 할 것이다.

주거의 구축이란 과제에 당면하여 인류가 행한 최초의 행위는, 인간 몸의 크기를 담아낼 수 있는 인공의 구조물을 만드는 것이었다. 그들은 무엇인가를 세우기 시작했다. 초기 인류가 세운 최초의 그것은 아마 기둥 또는 기둥과 유사한 무엇이었을 것이다. 그들은 이 기둥 위에 (무수한 실패를 거듭해 나가며) 그 기둥들을 서로 고정하는 수평부재를 연결할 수 있었을 것이다. 그리고 그들은 이 원시적인 가구식 구조(架構式構造, post-and-lintel construction)에 무엇인가를 얹거나 덮어서 눈과 비와 바람을 막아줄 최초의 집을 만들었을 것이다.

그들은 깊게 박지 않으면 자꾸 쓰러지는 기둥을 통해 중력작용에 대한 직관적인 이해력을 키웠을 것이며, 기둥 위에 무거운 무언가를 얹으면 불안정해진다는 경험을 통해 하중에 대한 경험적 이해를 집적시켰을 것이다. 기둥과 보를 연결하는 과정을 통해 엮기, 묶기, 잇기, 짜맞추기 등 다양한 공예기술 또한 심화시켜 나갔을 것이다.

요시노가리 선사유적에 복원된 수혈주거는, 세상 물리에 대한 직관적이고 경험적인 이해와 더불어 만들기-제작본능을 발휘하여 삶의 지평을 넓혀가려는 인류 문명의 시원적 지혜를 보여주고 있다. 이 집들은 철저한 발굴과 고증 그리고 풍부한 상상력에 기대어 복원될 수 있었다. 이 한 줌의 집에서 오늘 일본의 건축사는 시작되었다.

동아시아건축의
유전자 지도

아시아 그리고
동아시아

'아시아(Asia)'란 용어는 아시아에서 유래하지 않았다. 아시아란 단어는 고대 그리스에서 만들어졌는데, 아주 오래전 그리스의 도시국가들은 에게해 동쪽 연안을 개척하며 그 새로운 식민의 땅에 '아시아'란 이름을 붙였다. 그런데 그 아시아보다 더 동쪽의 문명세계가 있음을 알게 된 그들은 에게해 동부 연안을 일컫던 원래의 명칭인 아시아를 소아시아(Asia Minor)로 구분하여 명명하였고 소아시아의 동쪽세계를 모두 '아시아'라고 일컬었다. 그들에게는 비교적 가까운 동쪽인 근동과 중동도 아시아였고, 그 너머 동쪽인 인도와 인도차이나와 차이나도 아시아였으며, 동쪽 끝 (그들이 미처 알고 있지 못했던) 한반도와 일본열도 또한 모두 아시아였다. 고대 그리스인들에게 아시아는 동쪽의 광막한 너른 세상이었다.

아시아는 아득하게 넓다. 그래서 편의적 구분을 위해 아시아를 지리적으로 나눠 분류하기도 한다. 이 구분은 칼로 두부 썰 듯 명확하지 않아서 그 경계는 다소 모호하다. 그러나 대체로 뭉텅이 지어서 다음과 같이 분류한다.

전체 아시아의 서쪽, 이슬람국가들이 모여 있는 지역은 대체로 서아시아나 서남아시아로 구분된다. 중앙아시아 또는 중부아시아는 카스피해를 서쪽으로 접하고 중국을 동쪽으로 접한 지역을 의미한다. 인도를 중심으로 하는 일단의 지역은 남부아시아로 분류되며, 인도와 중국 사이에 놓인 인도차이나반도와 그 일대에 산개해 있는 여러 도서 지역들은 동남아시아로 분류된다. 그리고 그보다도 동쪽이자 유라시아대륙의 동쪽 끝단의 한·중·일 삼국을 비롯한 몽골과 베트남 등은 동아시아로 분류된다.

이러한 분류는 방위별 뭉텅이로 나눈 지리적 구분이지만, 이 구분은 또한 문명적·문화적·역사적 특징과도 대체로 일치한다. 서아시아 또는 서남아시아는 이슬람 문명과 문화를 공유한다. 중앙아시아의 여러 국가들은 고대 실크로드의 찬란한 영광의 역사를 공유하며 근대 이후 러시아를 중심으로 하는 소비에트로의 연합과 분리·독립의 과정을 공유한다. 남부아시아는 힌두교와 불교와 이슬람교 그리고 그 밖의 많은 종교들이 공존하고 또 반목하는 종교의 용광로로서의 역사를 함께한다. 동남아시아는 인도와 중국이란 거대문명의 사이 공간 속에서 각자도생의 길을 쟁취하며 각자의 개별적 왕조문화를 꽃피웠다. 황하문명이라는 거대한 고대문명을 중심으로 하는 동아시아의 여러 국가들은 대륙에서 발원한 고도의 문명과 문화를 서로 공유하며 그 공유의 문명과 문화를 지역별로 체화하여 공통과 차이의 역사와 문화를 엮어냈다.

일본의 역사학자 니시지마 사다오(西嶋定生, 1919~1998)는 지리적인 동아시아 구분 위에 보다 구체적인 문명사적 구분을 덧붙였다. 니시지마에 따르면, 중국의 정치 시스템인 율령제를 자국의 정치체제로 받아들이고, 중국의 패권을 인정하며 그로부터 자국의 지배력을 인정받는 책봉체제의 국제질서를 용인하며, 그리고 중국의 문자인 한자를 자국의 지배적인 문자로 활용하는 한국과 중국과 일본 그리고 베트남이 동아시아 문명권을 구성하는 국가들이(었)다.[8]

---

8 동아시아세계론은 제2차 세계대전 이후 세계사의 맥락 속에서 일본사를 이해하려는 시도로써 제기되었다. 니시지마는 동아시아세계라는 자기완결적이고 독자적인 가치체계를 공유하고 있는 지리적 문화적 범주를 설정하였으며, 그 속에서의 일본 역사와

큰 틀의 사회정치적 시스템을 공유하고, 동일한 문화적·문명적·정치역학적 위계질서 속에 위치하며, 공통의 언어를 사용하는 동아시아의 국가들은 많은 것들을 공유한다. 동일한 정체(政體), 동일한 관제(官制), 동일한 문자, 유사한 풍습, 유사한 관습, 유사한 예기(藝技, art and craft) 등이 그러한 것들이다.

문명과 문화의 진보가 문자를 낳았지만 후행된 문자가 문명과 문화의 진일보를 추동하는 강력한 동인이 되기도 했다. 문자와 문명과 문화는 서로를 견인하며 나아갔는데, 동일한 문자와 유래가 같은 문명/문화는 유사 계통을 이루며 전개되었다. 건축(한국)과 지안주(중국)와 겐치쿠(일본)와 끼엔쭙(베트남)은 모두 같은 한자어 '建築'의 서로 다른 발음인데, 같은 문자로 명명되는 동아시아의 건축은 그 유래와 원형질을 또한 공유한다.

동아시아건축의 전개

개벽하듯 발생하고 번개 치듯 전개되는 문명은 없었다. 깨진 돌의 무딘 날을 사용하던 인류가 손수 돌날

문화의 독자성을 규명하고자 했다. 결국 동아시아세계론은 일본에게는 동아시아 속 타자라고 할 수 있는 한국과 중국과 베트남과의 차이를 통해 일본의 정체성과 주체성을 밝히려는 역사적 시도라고 할 수 있다.

을 갈아 인공의 날카로움을 얻기까지, 그러니까 뗀석기에서 간석기로 이행하는 데에는 수만 년의 시간이 필요했다. 돌과 쇠가 같이 사용되던 금석병용의 시대를 지나 청동기가 지배적으로 사용되기까지는 수천 년이란 시간이 필요했고, 푸른 청동기가 은빛 철기로 바뀌는 데에도 그에 못지않은 시간이 필요했다. 이런 변화마저 단번에 이뤄진 것이 아니었으며 오랜 시간을 통과하면서 지난하게 이뤄졌다.

생존과 보다 나은 삶을 향한 인류의 간절한 열망은 그들의 지혜를 집적시키고 발전시켜 나갔으며 한 지역의 고도로 세련된 문명은 다른 지역으로 퍼져나갔다. 인류의 4대 문명은 위에서 아래로 떨어지는 중력과 같이, 높은 곳에서 낮은 곳으로 흐르는 열의 이동과 같이 높은 준위에서 낮은 준위로 흘러들었다.

건축문명 또한 예외일 수 없었다. 황하의 거대한 물줄기에 기댄 대륙의 건축문명은 동쪽으로는 한반도를 거쳐 정착하고 다시 바다를 건너 섬나라 일본으로 흘러들었으며, 북쪽으로는 몽골지역으로, 서쪽으로는 신장지역과 서남쪽의 인도차이나 반도의 여러 지역들로 퍼져나갔다. 중국대륙의 건축은 오랜 시간 동안 동심원을 이루며 퍼져나갔고,[9] 동아시아와 동남아시아를 아우르는

9 「일본의 건축」, 윤장섭, 서울대학교출판부, p.1.

목조가구식 구조 건축의 기원이 되었다.

그중 중국대륙과 한반도와 일본열도의 건축 상호간 유사성은 매우 높으며 베트남의 경우는, 베트남 북부와 중남부의 차이가 현저한데, 베트남 북부의 건축은 중국건축과의 유사성이 비교적 높다.[10] 계통발생학적 관점에서 보자면, 한·중·일 삼국의 건축은 동일종이라 할 만하며 베트남건축은 이에 대한 아종(亞種)이라 할 만하다. 동아시아의 전통건축은 중국계 목조가구식 구조를 기원으로 하는 동일한 건축문화권역을 구성하고 있다.

대륙에서 반도로, 반도에서 열도로

고대라 불리는 그 옛날, 민족국가라는 개념은 없었으며 국경이란 삼엄한 경계 또한 흐릿했다. 동아시아를 이루던 한·중·일 삼국의 문화와 문물은 서로를 자유롭게 넘나들었고 이쪽에서 저쪽으로 흘러들었다. 그 흐름은 대부분 중국대륙의 앞선 문물이 반도를 거쳐 정착하고, 그 정착된 문물이 한반도의 상황에 맞게 변화 또는 변형되어, 다시 일본열도로 흘러들

---

10 이와 관련하여 다음의 논문을 참조할 것. 「베트남 목구조의 두 가지 전통」, 이강민, 전봉희, 대한건축학회논문집 계획계.

어가는 양상으로 전개되었다.

중국대륙에서 발생한 목조가구식 구조의 건축은 한대(漢代)에 이르러 그 구성의 큰 틀이 완성되었고 당대(唐代)에 이르러서는 거의 오늘날과 같은 건축 수준에 이르렀다. 이러한 대륙발 건축문명이 한반도로 전래된 결과는 두말할 필요 없는 역사적 사실이다. 중국의 몇몇 사서들은 고대 한반도에 있었던 궁실의 존재를 기록하고 있으며, 사찰과 사당, 관청 같은 권위적 건축은 기와집이었고 산골짜기의 집들은 초가집이었음을 또한 기록하고 있다. 가야인들이 남긴 여러 가형토기들은 한반도에 있었던 고대 오래된 집들의 목조가구식 구조의 모습을 재현하고 있으며, 고구려인들이 남긴 고분벽화에는 건축물의 기단과 기둥, 공포 등의 건축부재들이 상세하게 묘사되어 있다.

그러나 중국의 건축문명이 한반도로 전파된 전개과정에 대한 구체적인 기록은 남아 있지 않다. 대륙의 건축문명은, 마치 열전도와 같이, 이쪽과 접한 저쪽으로 흘러들고 다시 저쪽과 접한 그쪽으로 흘러드는 양상으로 전개되었을 것이다. 또한 한사군(漢四郡) 등과 같은 외래인 거주지역에 들어온 중국 본토인들이 당대 최신의 건축을 직접 이식하기도 했을 것이다. 중국대륙의 목조가구식 구조의 건축은 산과 바다를 넘고 강을 건너며 반도의 남쪽 끝까지 흘러들었다.

중국의 건축이 한반도로 흘러든 경위와 전개과정을 설명해줄 만한 구체적인 사료들이 남아 있지 않는 반면, 한반도의 건축이 일본열도로 전파된 경위와 과정은 비교적 명확하다. 그 전파 경위와 과정이 문자로 기록되어 있고 당대에 지어진 건축 실물 또한 아직 존재하기 때문이다.

『일본서기(日本書紀)』는 당대 권력자의 의지에 의해 편찬된 일본 역사서이다. 천황과 그 가계의 존립당위를 세우기 위한 역사서이기에 역사적 사료로서의 정합성이 부족한 부분과 모순이 없지 않으나, 당대 일본의 전반적인 정세와 인접한 한반도와의 관계를 추론하기에는 부족함이 없다는 것이 역사학계의 설명이다. 『일본서기』에 따르면 6세기 중반 이후부터 일본의 고대 정치세력과 한반도 삼국의 교류는 활발했다. 많은 승려와 기술자들이 바다 건너 일본으로 갔는데, 577년과 588년에는 건축가들, 그러니까 사공(寺工) 또는 조사공(造寺工), 와공(瓦工) 등이 파견되었다고 기록되어 있다. 특히 588년에는 도일한 건축가들의 이름 또한 기록되어 있는데 태량미태, 문고고자, 마나문노 등이 그들이었다. 기록된 이들 이외에도 많은 건축 관련 기술자들이 일본으로 건너갔을 가능성은 농후하다.

한반도에서 도래한 건축기술자들은 중국계 목조가구식 구조로 불교사원-사찰을 지었다. 홋다데바시라(掘立柱), 즉 땅에 얕은 구멍을 파고 기둥을 세워 집을 완성하는 굴립주 건축은 안정적으로 지반다짐한 기단과 초석 위에 치목된 목재를 정교하게 맞추고 이어서 집을 짓는 방식으로 일신되었다. 당대 일본사람들이 "이러한 새로운 건축에 놀라움을 금치 못했던 것은 상상하기 어렵지 않다."[11]

혜자와 담징과 법정 등과 같은 승려들과 태량미태, 문고고자, 장덕백매순, 마나문노, 양귀문, 능귀문, 석마제미 등과 같은 건축 관련 기술자들이 일본열도로 건너가던 시기, 일본의 고대문명은 불교의 도입과 더불어 아스카문화로 만개했다.

아스카데라에서 호류지까지

백제의 성명왕은 538년(또는 552년) 일본 긴메이천황(欽明天皇)에게 불상과 경전을 보냈다. 이때가 일본 불교 전래의 원년이다. 당시 일본 정치권력의 정점에 서 있던 소가씨(蘇我氏) 집단은 한반도에서 건너온 도래인들과 새로운 정신이 넘인 불교를 바탕으로 정적 모노노베씨(物部氏)와 나카토미씨(中

11 『일본 전통 건축 기술의 이해』, 무라타 겐이치, 김철주, 임채현 역, 한국학술정보, p.33.

臣氏) 세력을 제압하고 새 시대를 열었다. 아스카시대가 시작되었는데, 새로운 사상과 새로운 기술문명에 기대어 일본 고대문명은 새롭게 거듭났다.

이역만리 천축국(天竺國, 인도)에서 시작되어 광활한 서역(西域, 중앙아시아)을 지나 중국에 전래된 불교는 다시 반도로 흘러들었고 마침내 바다 건너 열도로 전래되었다. 새로운 종교이며 세련된 사상이고, 정치권력 정점에 서 있는 위정자들의 통치기반이 된 불교는 이후 일본 전역을 불국토로 만들었다. 불교의 물리적 기능을 수용하는 사찰건축은 일본건축문명의 개벽이었다.

일본 최초의 사찰인 아스카데라(飛鳥寺)는 새롭게 권력을 쥔 자 소가 우마고(蘇我馬子)가 발원했다. 이 사찰은 588년 바다 건너온 사공들과 와공들이 주도적으로 건설했던 것으로 추정되며, 더불어 아스카 지방 등지에 이미 정착해 있던 반도의 도래인들인 야마토노아야씨(東漢氏) 집단의 장인들과 기타 각 지방의 기술자들이 동원되었을 것으로 여겨진다.[12]

아스카데라는 건설이 시작된 이후 596년 탑이 완성되었고

---

12 『일본건축사』, 오다 히로타로, 박언곤 역, 발언, pp.70~74 & 『일본의 건축』, 윤장섭, 서울대학교 출판부 pp.82~85. 이후 이어지는 아스카데라에 관한 내용들은 이 두 서적을 주로 참고하였다.

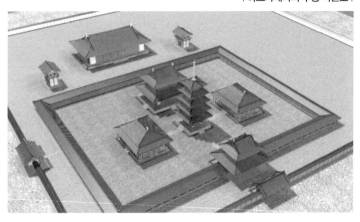

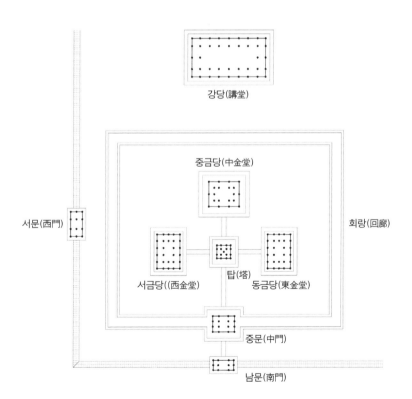

강당(講堂)

중금당(中金堂)

서문(西門)

회랑(回廊)

서금당((西金堂)

탑(塔)

동금당(東金堂)

중문(中門)

남문(南門)

609년 금동석가상이 안치되었다. 기록으로만 전하던 아스카데라는 1956~1957년의 발굴조사를 통해 그 유적이 발굴되었고, 이 조사를 통해 가람배치의 전모가 밝혀졌다. 아스카데라의 가람배치는 남문을 거쳐 중문에 이르고 중문을 중심으로 사각형의 회랑을 형성하는데 그 안에는 탑 한 채와 금당 세 채가 배치되어 있었다. 그리고 회랑 너머 밖에는 강당이 있었는데, 아스카데라는 남문-중문-탑-금당-강당이 한 개의 축 위에 가지런히 배치되었으며 이 축을 중심으로 정연한 좌우대칭을 이루고 있었다. 탑은 부처의 사리를 모시는 공간이며 금당은 부처의 불상을 모시는 공간이다. 아스카데라는 한 채의 탑을 세 채의 금당이 보위하는 형상으로 배치된 1탑3금당식 가람배치였다.

아스카데라의 1탑3금당식 가람배치는 금강사지 등과 같은 고구려의 가람배치와 동일하며 사지에서 출토된 기와편은 백제 부여에서 출토된 그것과 매우 유사하다. 백제의 일반적인 가람배치는 정림사지 등의 경우처럼 1탑1금당식이 주를 이루고 있다. 백제계 건축가들의 주도로 건설되었을 아스카데라의 배치방식이 고구려식 가람배치를 따르고 있는 이유는 명확하지 않다. 고구려의 가람배치 양식이 백제에 전해진 것일 수 있다는 가설 등이 가능하나 아직 정확히 밝혀진 바는 없다. 아스카데라는 고대 일본의 유력 권력자가 발주하고 백제계 장인들이 주도하여 이미 일본에 터 잡고 살고 있던 한반도 도래인들과 각 지방에서 동원된 현지 공인들에 의해 만들어졌다.

역사서의 기록과 발굴된 가람배치, 기와편 유적 그리고 기타 내장품들은 아스카데라가 한반도에서 유입된 건축임을 보여주고 있다. 아스카데라의 탑 심주(心柱, 탑의 중심부를 관통하는 기둥)가 세워지던 날 일본 대신들은 백제 의상을 입고 준공의식에 참석했다고, 기록은[13] 전한다.

아스카데라는 건물이 놓여 있던 집자리의 바닥 흔적만을 남겼으나 호류지(法隆寺)는 건설 당시의 실물이 여전히 존재한다. 호류지[14]는 나라현(奈良県) 이코마군(生駒郡) 이카루카정(斑鳩町)에 위치해 있다. 사찰이 있던 지명을 따라 이카루카데라(斑鳩寺)라는 명칭으로도 불렸다. 호류지의 정확한 창건연대는 알 수 없으나, 금당에 있는 석가삼존상 광배의 명문(銘文)에 근거하여 스이코천황 30년인 606년에 건설된 것으로 추정하고 있다. 호류지는 당대 최고 실력자인 쇼토쿠 태자가 발주하였는데, 백제 성왕

---

13 "탑의 심주를 세웠던 날은 대신 모두가 백제복을 입고 참배 행렬을 하였다." 『일본건축사』, 오다 히로타로, 박언곤 역, 발언, p.97.

14 이후 이어지는 호류지에 관한 내용은 다음을 주로 참고하였다. 『일본의 건축』, 윤장섭, 서울대학교출판부, pp.85~97, 『일본건축의 연구(日本建築の研究)』, 이토 주타, 용음사(龍吟社), 「일본의 호류지 건축의 고구려적 성격」, 김도경, 한국건축역사학회.

시대 파견된 대공(大工)들이 이카루카리(斑鳩里)에 살았다는 기록[15] 등에 근거하여, 호류지 또한 아스카데라와 마찬가지로 백제계 장인들에 의해 주도적으로 건설했던 것으로 추정한다.

호류지는 수십 채의 건축물들이 동원가람과 서원가람을 이루고 있는데 아스카시대에서부터 에도시대까지 증축의 증축을 거듭하며 현재의 사역(寺域)을 이뤘다. 호류지의 건축물들을 시대별로 구분해보면 아스카시대 건축물 4채, 나라시대 건축물 6채, 헤이안시대 건축물 5채, 가마쿠라시대 건축물 12채, 무로마치시대 건축물 10채, 모모야마시대 건축물 3채, 에도시대 건축물 7채 등인데 이들 건축물들 대부분은 일본의 보물이거나 중요문화재로 지정되어 있다.

아스카시대의 건축물인 금당과 오중탑 등은 서원에 속해 있다. 그런데 『일본서기』와 『상궁성덕태자전보궐기(上宮聖德太子傳補闕記)』에 호류지가 670년 화재로 전소되었다고 기록되어 있고, 서원에 인접한 장소에 또 다른 사찰의 유적이 발굴됨에 따라 현재의 호류지는 622년 창건 당시의 건축물이 아닌 670년 화재 이후 재건된 호류지임이 정설로 받아들여지고 있다. 호류지의 중심

---

15   『일본건축의 연구(日本建築の研究)』, 이토 주타, 용음사, 1937, pp.220-221, 도판 10 제13도 "백제로부터 대공(大工, 여기서는 건축가)을 초빙하시었다. 백제의 성왕에게서 사천왕존 하나에 1명씩 대공을 곁들여 보내시었다. 사대공이라 칭하였다."

건축물이라고 할 수 있는 금당과 오중탑 등의 재건시기 또한 호류지의 창건시기와 마찬가지로 명확하지 않지만 금당은 679년, 오중탑과 중문은 711년경에 완공된 것으로 추정하고 있다.

호류지 서원의 가람배치는 남대문-중문-대강당이 일직선상에 배치되어 있고 중문과 대강당이 회랑으로 연결되어 사각형의 영역을 이루고 있다. 이 영역 안에 좌측에는 오중탑이 우측에는 금당이 위치해 있다. 탑 한 채에 금당 한 채로 구성된 1탑1금당식 가람배치다. 주목할 점은 탑과 금당의 정렬 방식이다. 동아시아 사찰의 탑과 금당은, 거의 대부분, 탑이 앞에 있고 금당이 뒤에 위치하는데 이는 1탑3금당, 1탑2금당, 1탑1금당 모두 예외 없이 그러하다. 전탑후당(前塔後堂)의 배치가 한·중·일 사찰건축의 전형인데, 호류지의 좌탑우당(左塔右堂)의 예는 한국과 중국에서는 발견된 바가 없고 일본에서도 (현존하지 않는) 가와라데라(川原寺) 등 정도에 불과하다. 탑과 금당의 정렬방식이 어떠한 이유로 변형되었는지는 알려져 있지 않다. 발원자의 요청이었을 수 있고, 건설자의 의지였을 수 있고, 수요자의 요구였을 수 있다. 분명한 것은 전탑후당의 전형이 좌탑우당으로 변형되었다는 사실이다. 이러한 변형으로 호류지는 중심축에 일렬배치된 다른 사찰들과는 다르게 엄격한 좌우대칭의 권위성과 경직성으로부터 자유롭다. 이로 인해 호류지는 한 개의 중심축 선상에 모든 건축물이 일렬로 배치되었을 때보다 좀 더 리듬감 있고 입체적인 경관을 이룰 수 있게 되었다.

최초의 건립일로부터 현재에 이르기까지 약 1,300년 가량이 경과된 호류지는 현존하는 가장 오래된 목조가구식 구조의 건축물이다. 최초의 호류지는 백제계 장인들에 의해서 조영되었던 것이 분명해 보이나 현존하는 재건 호류지 또한 그러한지는 알 수 없다. 그러나 시대적 상황과 호류지 사역 내에서 발굴된 여러 유물 등으로 판단하건대, 재건된 호류지 또한 백제계 건축의 계속된 영향을 받았을 것으로 추정된다.

붙이는 글,
정견(正見)-바로 봄

제국주의 열강들에 의한 침탈 그리고 내란, 내전 등을 겪으며 중국대륙과 한반도에 남겨진 전통건축의 수는 격감했다. 반면 일본에 남겨진 전통건축물은 한·중 양국에 비해 풍부하다. 일본 국보지정건축물의 경우, 고대시대로는 아스카시대 10동, 나라시대 20동, 헤이안시대 35동에 이르는 유구가 남아 있으며 중세시대로 범위를 넓힐 경우 가마쿠라시대 213동, 무로마치시대 411동으로 보존 유구 수는 대폭 늘어난다.[16] 따라서 고대 동아시아 목조가구식 구조 건축물을 연구하는 데 일본에 남겨진 건축물의 연구는 불가피하다.

　핀란드 건축가 마랴 사르비마키(Marja Sarvimaki)는 그녀의 논문[17]을 통해 호류지와 같은 일본 고대건축에서 확인되는 비중심축 배치와 비대칭성이 한국건축에 의한 영향임을 논증하고 있다. 그런데 이 논문은 그 논리적 정합성보다도 주목할 만한 점이 따로 있다. 그것은 서구건축문화권에서 교육받고 활동한 서양건축인이 동아시아 전통건축의 전개양상을 비교연구, 분석하고 있다는 점이다. 이것은 그녀의 논문이 역사적 이해관계와 감정적 편견 등에서 비교적 자유로운 상태에서 연구되었다는 것을 의미한다고 할 수 있다. 그녀는 논문 전반에 걸쳐 일본 고대건축에 절대적인 영향을 미친 한반도 건축에 대한 일본건축계의 의도적인 무시[18]를 지적하고 있다.

　바로 봐야 바로 볼 수 있다. 열등감 또는 우월감은 객관적 사실을 외면하게 하거나 심지어 왜곡하게 만든다. 남겨진 기록을

16　『일본의 건축』, 윤장섭, 서울대학교출판부, p.2.

17　「UNIQUE JAPANESE ARHITECTURE / How about Chinese and/or Korean influence?」, Marja Sarvimaki, 한국건축역사학회 춘계학술발표대회 논문집.

18　『서울 속 건축』의 저자 울프 마이어(Ulf Meyer, 독일 베를린 출생)는 '서울 건축 100년'이란 주제의 강연(2016년 4월 28일, 서울역사박물관)에서 한국 근현대건축에 결정적인 영향을 미친 일본건축에 대한 한국건축계의 무지와 무시를 지적했다. 일본의 고대사 콤플렉스와 마찬가지로 한국의 근대사 콤플렉스는 제3자에게는 뚜렷하게 목도되는 현실이다.

바로 볼 수 있을 때 희미한 윤곽은 보다 선명해질 수 있다. 이 선명해지는 윤곽을 통해서 동아시아 목조가구식 구조의 틀은 좀 더 견고해질 수 있을 것이다.

열도건축
계통발생

석조조적식 구조와
목조가구식 구조

　　　　　자연계 내에 존재하는 모든 물질은 각
자의 고유한 물성을 갖는다. 돌은 돌로서의, 나무는 나무로서의,
쇠는 쇠로서의 물성을 갖는다. 건축은 이러한 각기 다른 물질재
료의 고유 특성을 이해하는 것으로부터 시작된다. 돌로 나무집을
지을 수 없고 쇠로 돌집을 지을 수 없다. 건축은 그 재료에 합당한
구조를 구축함으로 성립된다.
　건축은 스스로 서 있을 수 있어야 한다. 자중에 대한 자립은
필수 기본조건이며 여기에 더해 이 자립상태에 가해지는 외력인
수직력 및 수평력 등의 여러 하중들에 대해서도 엉버티며 서 있

| 석조조적식 구조: 프랑스 파리 노트르담성당 |

| 목조가구식 구조: 일본 가마쿠라 겐초지 |

을 수 있어야 한다. 중력 그리고 눈과 비와 바람에 온전할 수 있어야 집이고 건축인 것이다. 지역별로 구할 수 있는 재료가 다르고, 눈과 비 내리고 바람 부는 양상이 다르며, 사는 사람들의 생각과 관습과 기술수준이 다르기에 인류는 지역별 또는 문화권역별로 서로 다른 건축문화를 일구었다.

동아시아건축과 서양건축은 다르다. 서양건축은 돌을 쌓아올려 집의 꼴을 완성하는 석조조적식 구조(石造組積式構造)가 주된 계통[19]을 이룬다. 서양건축은 석재를 바탕으로 하는 장대하고 웅장한 건축사를 완성했다.

돌의 물성은 다음과 같다. 돌은 누르는 힘(압축력)과 잡아당기는 힘(인장력) 등 외부에서 가해지는 힘에 대한 저항응력이 크다. 돌은 불에 타지도 아니하며 물에 손상되지도 않고 벌레에 좀쓸지도 않는다. 외력에 대한 강한 응력과 우수한 내화·내수·내충성 등은 건축재료로서의 내구성을 충족시킨다. 그러나 돌은 비중이 높다. 즉 너무 무거워서 자중이 크다. 그리고 돌은 경도가 높다. 즉 너무 단단해서 가공이 어려운데 강도 또한 높아서 유연함이

---

19 서양에서도 나무라는 재료는 어렵지 않게 구할 수 있었고 나무를 건축재료로 사용한 사례 또한 어렵지 않게 찾아볼 수 있다. 그러나 서양건축은 최종적으로 석재를 이용한 조적식 또는 전석식(轉石式) 구조로 전개되었으며 서양 유구의 종교건축과 권위적 건축물 등은 이 석재조적식 구조의 계통을 따르고 있다.

부족하여 취성파괴를 일으킨다. 이러한 돌의 물성 때문에 건축석재는 벽돌과 같이 하나의 소형화·모듈화된 작은 부재들로 가공되어 그것들을 차곡차곡 쌓아올리는 건축(구조)재료로 사용된다.

이렇게 완성되는 석조조적식 구조는 면(面)적이다. 쌓아올려진 벽면 자체가 구조체가 되는 내력벽 구조인 것이다. 그리하여 내력벽 구조인 석조조적식 구조는 석재 부재들의 '차곡차곡'이 붕괴되는 지점에서 건축물 전체의 붕괴로 이어진다. 따라서 내력벽 구조에서는 창문이나 문과 같은 구멍 내는 일이 어려운 일이며, '차곡차곡' 쌓는 것으로는 해결하기 어려운 지붕을 얹는 일 등이 어려운 과업이다. 내력벽 구조는 하나의 속박으로써 구조벽으로 결정되는 평면과 공간에는 융통성이 부족하다.

서양건축사는 석재조적의 유리함을 취하고 불리함을 극복해 나가는 일련의 기술발전과정이었다. 다양한 종류의 아치와 볼트 그리고 버트레스 등은 서양건축 내력벽 구조의 속박으로부터 벗어나기 위한 지난한 노력들이었다. 서양건축은 석조의 웅장함과 견고함 그리고 영구적인 내구성과 더불어 내력벽의 구속으로부터 근본적으로 제약받는 구조였다.

중국대륙에서 발원하여 한·중·일 전통건축의 근간을 이룬 동아시아건축은 나무를 맞추고 이어서 집의 꼴을 완성하는 목조가구식 구조다. 가공이 용이한 나무는 나무의 생장형태처럼 가늘고 기다란 부재로 가공되어 그것들을 서로 잇고 맞춰서 건축의 큰 뼈대를 만들고 그 뼈대 사이를 채우거나 덮어서 건축을 완성하는 방식이다.

이렇게 구성되는 목조가구식 구조는 선(線)적이다. 건축물에 가해지는 수평·수직 하중 등은 모두 보와 기둥 같은 선형부재를 따라 흘러가다가 지반으로 전달되어 소멸된다. 따라서 목조가구식 구조는 구조의 핵을 이루는 뼈대-축부(軸部)를 제외하고는 모든 방향으로 개방이 가능하다. 목조가구식 구조는 서양건축과는 다른 비내력벽 구조로 서양건축이 갖고 있는 근본적 한계와는 무관하다. 그러나 목재는 외력에 대한 응력이나 내화·내수·내충성 등이 상대적으로 부족하다. 인장력과 압축력 등이 석재에 비해 상대적으로 약하며 한번 불이 붙으면 걷잡을 수 없고 습기에 뒤틀리고 벌레에 스러진다. 견고한 이음과 맞춤 기술 그리고 화방벽과 주초석 그리고 단청술 등의 발달은 이러한 목재건축의 단점을 보완·극복해 나가는 일련의 과정이었다.

고대에서 중세로, 일본건축의 전개

다이카개신(大化改新)[20]으로 아스카시대는 저물고 나라시대가 시작되었다. 율령제의 보다 강력한 시행으로 귀족들에게 분점되었던 권력은 중앙의 천황에게 집중되었다. 열도정권의 수도는 아스카에서 나라로 이전되었고 새로 천도된 수도는 당시 중국대륙의 수도인 장안성을 모델로 만들어졌다. 새로이 건설된 헤이조쿄(平城京)는 고대 일본의 대규모 신도시 건설이었다. 불교는 계속해서 열도 중심 구석구석으로 스며들었으며 과거 한반도를 통해 들여오던 중국의 문물은 견당사(遣唐使, 겐토시)를 통해 직수입되었다.

이후 수도는 다시 나라에서 교토로 옮겨졌고 새로운 수도에는 헤이안쿄(平安京)가 건설되었는데, 헤이안시대란 명칭은 여기서 유래하였다. 헤이안시대가 시작되고 약 100여 년이 흐른 뒤인 894년에 견당사는 폐지되었다. 이와 더불어 대륙과 반도와는 다른 일본건축만의 건축적 변형이 나타나기 시작했다.

다시 시간이 흐르고 천황과 귀족들의 권력은 칼을 쥔 가문인 무가(武家)에게로 옮겨갔다. 천황과 그 일족들 그리고 세습적 귀족들은 박제된 권력으로 밀려났고 막부가 정치의 근간이 되는 일본의 중세가 시작되었다. 막부의 최고실력자는 다이쇼군(大將軍, 대장군)이란 관직과 간바쿠(關伯, 관백)란 영외관직을 겸하며 일본

---

20 7세기 중엽 중국의 율령제를 받아들여 천황을 중심으로 한 중앙집권적 정치체제를 구축하기 위한 정치개혁을 말한다.

정치와 군사 권력의 정점에 섰다. 그들은 칼과 더불어 귀족적 문화로 차별화된 신분을 고착화시켰으며, 불교의 보호와 융성을 통해 정치적 정통성을 유지하고자 했다. 가마쿠라막부(鎌倉幕府)와 무로마치막부(室町幕府)에 이르는 일본 중세시대에 걸쳐 일본의 건축은 한국과 중국의 건축과는 다른 기술적 진보를 이루었다.

열도건축의
계통발생

헤이안시대 이후 견당사가 폐지된 이유는 명확치 않으나 그에 따른 결과는 분명해 보인다. 견당사 폐지 이후 일본은 모방을 통한 문명·문화사에서 일본의 독자적인 그것으로 전환하기 시작했다. 일본건축 또한 모방을 통한 습득에서 조건과 환경에 맞는 건축적 변용과 변화를 이루기 시작했다.

헤이안시대에 이르러 흙으로 빚은 기와 대신 편백나무껍질 등과 같은 식물성재료로 지붕을 잇는 방식이 사찰건축 등과 같은 중요 건축물에도 적용되기 시작했다. '나무껍질지붕잇기'라는 뜻의 히와다부키(檜皮葺)는 대륙의 건축이 이식되기 전 일본의 토착건축에서 사용되는 지붕잇기 방식이었다. 히와다부키뿐만 아니라 목재널지붕잇기인 코케라부키(柿葺) 또한 사용되었는데, 지붕구성재료로 광물성재료와 더불어 일본 특유의 식물성재료가

혼용되기 시작한 것은 지붕재료의 일본 토착화가 이뤄진 것을 의미한다고 볼 수 있다.

　불교가 전래된 이후 불교는 일본의 지배적인 종교이자 정치이념의 도구로써 중흥되었다. 전 국토 곳곳에 사찰이 건립되었고 승려는 세속적 권력 또한 쥐게 되었다. 불교의 예법은 점차 일본화되었고 새로운 좌식(坐食)예법에 맞게 마루깔기가 일반화되었다. 중국의 건축이 한대(漢代) 이후 의자를 바탕으로 하는 입식생활을 위한 공간이었던 반면, 신발을 벗고 바닥에 앉아서 생활하는 일본의 좌식생활방식이 바닥구조에 변화를 일으킨 것이다.

　동아시아 목조가구식 구조의 지붕은 종도리와 주심도리에 서까래를 걸치고 그 위에 기와를 얹어 완성하는데 서까래와 기와 사이에 보토(補土, 패인 곳 등을 채워주는 흙)가 들어간다. 보토는 기와를 얹을 수 있는 바탕면을 이루는 동시에 지붕경사의 물매(기울기)를 조절하는 역할을 한다. 이 서까래와 보토 그리고 기와 등으로 구성되는 지붕의 자중은 매우 높은데 그리하여 지붕구조물은 보와 도리 그리고 기둥과 같은 주요 구조부에 긴결(緊結)하게 연결되어 지지되어야만 한다. 그런데 이 무거운 지붕은 축부를 지긋이 눌러주는 역할도 하지만 동시에 하중부담으로 작용하기도 한다. 무거운 지붕을 머리에 이고 있기 위해 기둥과 보 등은

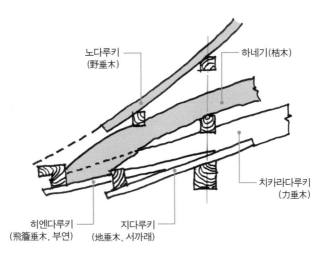

노다루키
(野垂木)

하네기(桔木)

치카라다루키
(力垂木)

히엔다루키
(飛簷垂木, 부연)

지다루키
(地垂木, 서까래)

| 하네기와 노다루키 |

두껍고 튼튼해야 했다. 그런데 헤이안시대 이후 기존의 무거운 지붕구조가 가벼운 지붕틀(roof truss) 구조, 즉 고야구미(小屋組)로 바뀌었다. 이중서까래 구조, 즉 눈에 보이지 않는 구조서까래(野垂木, 노다루키)가 보토를 대신하여 지붕물매를 조절하는 역할을 함으로써 지붕의 하중부담을 크게 경감시킬 수 있게 되었다. 이 지붕틀 구조는 가마쿠라시대에 이르러 더욱 진화하게 되는데 지붕 틀 내부 기둥 위에 설치되어 지렛대 역할을 하는 하네기(桔木)란 부재를 고안해냈다. 지붕구조는 더욱 가벼워지면서도 견고해졌다. 처마를 좀 더 길게 내밀 수 있게 되었고 지붕물매의 완급 조정 또한 더욱 용이해졌다. 높은 자중으로 축부에 하중부담으

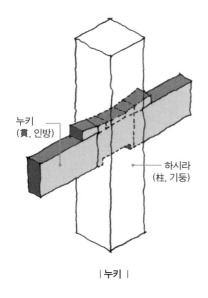

누키
(貫, 인방)

하시라
(柱, 기둥)

| 누키 |

로 작용하던 기존의 무거운 지붕은 축부의 제약으로부터 자유로워지며 좀 더 장대하게 그러나 좀 더 견고하게 만들어질 수 있었다.

또한 가마쿠라시대 이후 중국 송(宋)나라로부터 전해진 건축부재인 누키(貫)를 통해 횡력에 대한 획기적인 대응이 가능해졌다. 가구식 구조는 구조원리상 좌우로 흔드는 힘, 즉 지진과 같은 수평하중(횡력)에 취약하다. 특히 일본과 같이 지진이 잦은 자연환경에서는 횡력에 대한 대응이 중요한 건축적 해결과제였다. 누키는 인방과 비슷한 부재로, 일반적인 인방이 기둥과 기둥 사이에서 잇기 방식으로 연결되는데 반해, 누키는 서너 개의 기둥을 관통하여 설치함으로써 수평응력을 월등히 높일 수 있었다. 기존 브레이싱과 같은 역할을 하던 나게시(長押)란 부재는 장식적인 수준으로 사용 비중이 줄어들었고 누키가 수평력에 대한 중심 부재로 사용되었다.

일본의 전통건축은 동아시아 목조가구식 구조란 동일계통 안에서 독자적인 기술적 진보를 일궈냈다. 자연환경에 대한 적응,

일본 고유의 생활방식과 새로운 공간요구에 대한 대응 속에서 건축구조는 좀 더 가볍지만 견고하게 보강되었고 세부는 좀 더 일본적인 방식으로 바뀌었다. 가볍고 견고해진 구조는 공간의 규모 확장을 가능하게 했고 입면에 노출되는 기둥과 보, 도리, 서까래 등의 건축부재들은 점점 더 가늘어지면서 규칙적인 기와리(木割, 나무부재를 일정한 법칙에 의해 배열하는 방법) 방식을 정립하며 일본 전통건축 특유의 세장한 비례미를 완성했다. 한중의 전통건축이 비교적 고식(古式)을 유지했던 점에 비하면 일본 전통건축의 이러한 기술적 성취와 변화는 주목할 만하다. 이 기술적 진보는 해양성기후와 빈번한 지진 등과 같은 자연환경에 대한 적극적인 대응과, 전래된 외래문명에 대한 섬세한 관찰과 과감한 변용의 결과로 설명될 수 있을 것이다.

2장

격변과 격절,
메이지유신 이후의 건축 단면

근대와 번역
그리고
겐치쿠의 탄생

메이지유신과
새로운 언어

　　　　　　　　　　서구세계가 이동의 제약과 한계로부
터 벗어나면서부터 지역사는 세계사로 확장되었다. 서양의 세력
이 동쪽으로 확장해 나가는 양상의 세계사, 서세동점으로부터 전
지구적 세계사는 시작되었다고 해야 할 것이다. 동양의 강요된
근대는 서구열강의 팽창에 따른 결과였다. 서구의 팽창은 동양에
대한 식민화 사업으로 연결되었으며 효과적 수탈을 위한 근대화
로 귀결되었다. 아시아 대부분의 국가들에서 '식민화'와 '근대화'
가 동일한 역사적 근원을 갖는 이유는 이와 같다.

　　1840년부터 42년까지 진행된 아편전쟁으로 중국은 서구에

의해 강제 개항되었다. 그 다음은 일본 차례였다. 1853년 미국의 페리 제독이 네 척의 검은 배를 이끌고 당시 일본의 수도 에도(江戸, 오늘의 도쿄) 앞바다에 나타났을 때 일본은 이 거대한 외부 충격 속에서 혼미를 거듭했다. 일본정치의 근간이었던 막부는 흔들렸고 일본 서남부 변방에 엎드려 있던 도자마다이묘(外樣大名)[21]들이 들썩이기 시작했다. 서남부 끄트머리 지역인 사쓰마(薩摩), 조슈(長州), 도사(土佐), 히젠(肥前) 등지에서 절치부심하던 신흥세력들은 마침내 천황을 등에 업고 일어서기 시작했다.

메이지유신(明治維新)은 정치일선에서 배제되어 교토 구중궁궐에 유폐되었던 일본 천황이 다시 정치투쟁의 한복판으로 들어섬을 의미했다. 가마쿠라막부 이후 수백 년 간 이어오던 막부정치는 막을 내렸고 대정봉환(大政奉還)[22]을 통한 왕정복고가 이뤄졌다. 서구의 역사에서 왕정복고란 대개 보수적 사회로의 역행을 의미하는 것이었지만, 일본의 왕정복고란 오히려 그 역이라 할

21 1600년 세키가하라 전투에서 도쿠가와 이에야스(德川家康)는 정적 이시다 미쓰나리(石田三成)를 제압하고 전국을 통일했다. 이 전투에서 이시다 편에 속해 있던 영주들은 도쿠가와에게 복속되었지만 항상 충성심을 의심받으며 막부의 견제를 받아야 했다. 도자마다이묘는 항상 중앙정부의 견제를 받으며 절치부심해야 했던 영주들을 의미한다.

22 1867년 에도막부의 마지막 수장 도쿠가와 요시노부(德川慶喜)가 천황에게 통치권을 반환했던 사건을 말한다. 이로 인해 1192년부터 시작된 천황과 막부의 이중적 정치 시스템은 일본 역사 속으로 사라졌다.

만했다. 당시 일본 천황의 시호는 메이지였고 유신(維新)은 '낡은 제도를 고쳐 새롭게 한다'는 뜻이었다. 메이지유신을 통해 일본은 본격적인 근대로 접어들게 되었다.

그러나 메이지유신을 통한 대정봉환과 왕정복고란 용어는 정치적 수사에 불과했다. 표면적인 통치권은 천황에게로 넘어갔으나, 그 천황을 움직이던 이들은 근대국가로의 진입을 갈망하던 일본 신흥세력들이었다. 오쿠보 도시미치(大久保利通, 사쓰마 출신), 사이고 다카모리(西鄕隆盛, 사쓰마 출신), 기도 다카요시(木戶孝允, 조슈 출신) 그리고 사카모토 료마(坂本龍馬, 도사 출신) 등과 같은 서구문명에 경도된 일본의 새로운 권력자들은 그들의 조국 일본이 서구열강과 같은 강력한 근대국가로 발돋움하기를 꿈꿨다. 이들 메이지의 권력자들은 영국과 프랑스와 독일 그리고 미국 등 구미의 열강들을 무시로 넘나들며 그들의 역사와 문화를 탐색하고 서구의 압도적인 기술문명을 연구했다.

메이지시대의 일본이 서구의 신문화와 신문명을 받아들이는 것은 많은 부분 언어를 매개로 이뤄졌다. 문화와 문명의 결과물인 실물이 존재하지만, 그 실물만으로는 그것들의 본질에 온전히 도달할 수 없었기 때문이었다.

실물에 접근하고 또 이해할 수 있는 알짜의 알맹이는 언어 안쪽에 있다. 따라서 메이지유신 당시의 일본에는 무수히 많은 서구의 문물들과 그것들에 엉겨붙은 서구의 언어들이 쏟아져 들어왔다. 메이지의 지식인들은 기갈 든 사람처럼 서구어를 받아들였다. 그러나 격절의 문화와 문명에서 형성된 서로 다른 언어를 완벽하게 파악하고, 또 그것들을 일본의 언어로 번역한다는 것은 대단히 어려운 문제였다. 새로운 세계의 언어를 받아들이는 것은 결국 새롭고 낯선 세계 속으로 총체적으로 진입하는 것을 의미했기 때문이다.

근대와 번역

"'사회'라는 말을 알기 이전에 '사회'에 해당하는 의미가 없었으며, '미'를 알기 이전에 '미'라는 개념이 없었다."

야나부 아키라(柳父章, 1928~)의 책 『번역어의 성립』 시작을 알리는 이 짤막한 문장은 메이지유신을 전후한 일본 언어세계의 범주를 보여준다. 당시 일본을 포함한 동아시아에는 서구어 'society'(사회, 이하 소사이어티), 'beauty'(미, 이하 뷰티) 등에 해당하는 의미 또는 개념 또는 현실 또는 실체 등이 없었다.

오늘날 영어 '소사이어티'는 번역어 '사회(社會)'로 완벽하게 일대일 대응하는 것처럼, 의심할 여지 없는 지극히 당연한 번역으로 받아들여진다. 그러나 일본이 서구와 교류를 시작하면서부터 받아들이게 된 서구어 '소사이어티'는, 일본인들이 이해하고 번역하기에 지극히 어려운 단어였다. "소사이어티에 해당하는 말이 일본어에 없었기 때문"[23]인데, "해당하는 말이 없었다는 것은 곧 소사이어티에 대응할 만한 현실이 일본에 없었음을 의미"하는 것이기 때문이었다.

서구어 '소사이어티'는 수평적이고 상호 대등한 격인 개인(個人, individual)[24]들로 구성된 집합체의 생활 태도, 조건, 조직, 방식 등을 의미하지만, 당시 일본은 주종관계를 기반으로 하는 수직적 신분체계로 인간관계의 틀이 이뤄져 있었다. 신민(臣民)은 있었으나 시민(市民)은 없는 일본이었다.

소사이어티가 없으니 '소사이어티'를 번역하기 위해서는 그에 해당하는 말을 만들어내야 했다. '모일 사(社)'와 '모일 회(會)'를 모아 만든 번역어 '사회'는 이렇게 만들어졌다. 그러나 '모임'이라는 뜻으로 만들어진 '사회'라는 기표는 '소사이어티'의 기의를 완벽하게 품을 수 없는 불완전한 번역어일 수밖에 없었다. 그것이 온전한 번역어로 자리 잡기까지는 많은 시간이 필요했다. 근대

---

23   『번역어의 성립』, 야나부 아키라, 김옥희 역, 마음산책, 이하 큰따옴표 동일.
24   '개인' 또한 일본에서 번역한 용어이다. 그들에게는 '개인' 또한 이해하기 어려운 용어였다. 개인들로 구성된 사회는 서로 의미가 연결된 단어들로, 개인의 이해 없이 사회를 이해하는 것 또한 어려운 일일 수밖에 없었다.

초기 '사회-소사이어티'와 같은 불완전한 일대일대응은 번역이 갖는 근본적인 한계를 보여준다.

'뷰티'의 번역어 '미(美)'도 마찬가지 상황이었다. 야나부 아키라는 "아름다운 '화(花)'는 있다. '화'의 아름다움과 같은 것은 없다."라는 고바야시 히데오(小林秀雄, 1902~1983)의 명제를 인용하며, 일찍이 일본에는 '아름다움'을 대상으로부터 분리하여 '아름다움' 그 자체를 추상화하고 관념화하는 사고가 '거의' 없었음을 지적한다. 서구적 개념의 '뷰티', 관념적 대상으로의 '뷰티'는 (그 서구의 용어가 동아시아에 침투하기 이전에는) 일본에서는 부재했던 개념이었다. '미라'는 단어는 이미 있었으나 그 '미'는 '뷰티'와는 다른 성질의 것이었다. '미 또한 '뷰티'의 불완전한 기표 바꾸기의 예라고 할 수 있다.

니시 아마네(西周, 1829~1897)가 '미학(美學)'이라고 번역한 서구어 'Aesthetics'(미학, 이하 에스테틱스) 또한 같은 선상에 놓여 있다. 서구는 18세기에 이르러 뷰티와 화인 아트(fine art)를 철학과 학문의 영역으로 끌어들이며 에스테틱스를 성립시켰다. 사물 또는 대상에 눌어붙어 있던 아름다움이 그것들에서 분리되어 독립적인 철학과 학문의 영역으로 편입되었던 것이

| 니시 아마네 |

다. 그러나 일본을 포함한 동아시아에서는 추상화된 아름다움을 별도로 논하거나 그것을 학문의 대상으로 연구하지 않았다. 따라서 '에스테틱스'를 번역할 수 있는 일본어는 없었다. 번역어 '미'학은 새롭게 만들어진 용어인데, 번역어인 '미'와 '미학'과 관련하여 서울대학교 오병남 교수의 다음 글을 참고할 만하다.

"그러므로 동양미학의 기본개념으로서 미와 예술이라는 말을 거론하고 있는 경우가 있다면, 그것은 서양에 있어서도 근대 시기를 통해 겨우 확립된 '뷰티'와 '화인 아트'의 등식 관계를 동양에 적용시켜 보려는 입장에서, 그 두 개념을 '美'와 '藝術'로 번역해놓고 그것을 동양미학의 기본개념인 것으로 수용해버린 일에 지나지 않는 것이다. 말하자면, 서양미학의 이해를 돕기 위해 해놓은 역어에 불과한 것을 동양미학의 기본개념인 것으로 혼동하고 있는 것이 아닌가 하는 점이다. 물론 이러한 역어 속에 함축시키고자 했던 의미가 '美'라는 말과 '藝術'이라는 말의 해자(解字) 이상일 수도 있다. 그렇다면 서양사람들이 '뷰티'라 하고 '화인 아트'라고 부르는 말에 대응되는 개념을 찾고 그들에 대한 명확한 설명이 전제되어 있지 않으면 안된다. 요컨대 동양미학을 체계적으로 수립하기 위해서라면 그것이 축으로 삼고 전개할 기본개념을 동양철학의 문맥 속에서 발굴해내는 일이 요구된다는 것이다."[25]

일본의 근대, 메이지시대에는 무수히 많은 번역어가 만들어졌다. 그리고 일본의 위정자들은 니시 아마네, 후쿠자와 유키치(福澤諭吉, 1835~1901) 등과 같은 메이지시대의 지식인들을 통해 새로운 번역어들을 쏟아냈다. 사회, 인문, 개인, 근대, 미, 예술, 미학, 철학, 존재, 권리, 연역, 귀납, 과학, 기술, 토목 그리고 건축 등에 해당하는 서구의 원어들이 이때 번역되었다.

겐치쿠의 탄생

서구어 'architecture'(이하 아키텍처)가 동양에 소개되기 이전에 '건축'이란 용어는 없었다. 이 소개된 바 없는 대상은, 다만 '아키텍처'라는 단어뿐만 아니라, 아키텍처를 구성하고 또 떠받치고 있는 모든 학문적·기술적·문화적 영역 등을 포함하는 것이었다. 한자문화권에 속한 한국, 중국, 일본 그리고 베트남에서는 집 또는 이와 유사한 구조물을 만드는 행위에 대하여 영건(營建), 영조(營造), 영선(營繕) 등의 용어를 사용하고 있었다. 이 용어들은 '지을 영(營)' 자에 '세울 건(建)', '지을 조(造)', '고칠 선(繕)' 자 등을 합쳐서 만든 단어들이었다. 그러나 아키텍처란 기표가 의미하는 기의와 영건(또는 영선, 영조 등)이란

25   『동양미학론』, 이상우, 시공아트, 오병남의 글을 재인용.

기표가 의미하는 기의는, 그 기표가 다른 것만큼이나, 서로 다른 것[26]이다.

그러나 서양의 세력이 동아시아에 본격적으로 진입하면서부터 '아키텍처'에 해당하는 번역어들이 등장[27]하기 시작했다. 1862년 『영화대역수진사서(英和對譯袖珍辞書)』에는 건축학(建築學, 겐치쿠하쿠)이라는 용어가, 1864년 『불어명요(仏語明要)』에는 조가술(造家術, 조우카주츠)이라는 용어가 등장하고 있는데 이외에도 조영술, 건조법 등의 여러 가지 번역어들이 사용되고 있었다.

이미 메이지시대 이전부터 아키텍처에 대한 여러 번역어들이

---

26 이와 관련하여, 건축평론가 이종건 교수의 다음 글을 인용하여 독자의 이해를 돕고자 한다.
"20세기에 들어서기 전까지 우리 사회에는, 아키텍처에 해당하거나 아키텍처를 옮긴 우리말이 없었다. 조선시대는 '영건'이라는 말로 건물 짓는 일을 지칭했지만, 그것은 서구의 아키텍처라는 용어가 뜻하는 바, 혹은 좀 더 좁혀 말하자면 비트루비우스가 정의한 바의 건물을 이루는 세 가지 요소 곧 아름다움, 튼튼함, 유용성이나, 기둥의 비례와 장식에 따른 양식의 구분, 건축을 구성하는 세 대상 곧 건물, 해시계, 기계, 그리고 건축의 본질로서의 '어떻게 보임'(존재에 대비되는 연상을 지칭하는 것으로, 비트루비우스에 따르면 건축은 어떻게 보이느냐가 핵심이다.) 등을 나타내는 의미체계와 질적으로 다르다. 모두에서 썼듯 무엇을 지칭할 언어가 없다는 것은, 그로써 지칭할 인식의 내용 곧 대상이 없다는 것을 뜻한다." 『건축 없는 국가』, 이종건, 간향 미디어랩&커뮤니티, p.50.

27 일본 교린(杏林)대학 정영숙 교수의 한국일본근대학회 논문인 「Architectureの訳語をめぐって(아키텍처 번역어에 대한 조사)」에 따르면 이미 모모야마막부(桃山幕府) 초기인 1595년 이태리어-포르투갈어-일본어 대역사전(羅葡日対訳辞書)에 아키텍처가 '제반 예술을 통괄하는 원리, 술'과 같이 뜻풀이에 가까운 용어로 번역되었음을 알 수 있다. 그러나 아키텍처가 '건축' 또는 '조가' 등과 같이 명료한 한자 번역어로 조어되기 시작한 시기는 에도막부(江戶幕府) 말기로 볼 수 있다.

만들어진 것으로 볼 수 있는데, 메이지시대에 이르러서는 '아키텍처'의 번역어로 주로 '건축(建築, 겐치쿠)'과 '조가(造家, 조우카)'의 두 가지 단어가 사용[28]되었다. 1873년 설립된 일본 고부(工部)대학교 '조가학과'와 1887년 발간된 일본 조가학회 기관지인 『건축잡지』란 명칭 등에서 보이는 것처럼 번역어 건축과 조가는 혼용되었다.

그러나 1894년 이토 주타(伊東忠太, 1867~1954)[29]의 논문 「'아키텍차'의 본의를 논하고 그 번역어를 선정하여 우리 조가학회의 개명을 바람」[30]을 통해 아키텍처의 번역어로 건축이 확정되는 계기가 마련되었다. 이후 1897년 제국대학(이전 고부대학교, 오늘날 도쿄대학) 조가학과는 건축학과로, 일본 조가학회는 건축학회로 개명되었다. 이때를 동아시아에서 '건축'이란 용어가 '아키텍처'의 공식적인 번역어로 확정된 시기라고 보는 것이 일반적인 견해다. 겐치쿠의 탄생과 더불어 건축(한국어)과 지안주(중국) 그리고

---

28 정영숙은 앞의 논문에서 아키텍처의 번역어로 조가와 건축이 압축되는 시기를 1880년대 후반으로 보았으나, 이강민은 대한건축학회 논문집 계획계에 발표한 논문 「한자 번역어 '건축'의 성립과 그 영향」에서 이케가미 시게야스(池上重康)의 연구를 근거로 그보다 앞선 시기로 보았다.

29 이토 주타는 메이지시대에 활약한 일본의 대표적인 건축학자이자 건축가였다. 그에 대해서는 다음 장 '노란피부, 하얀가면'을 참조할 것.

30 「'アーキテクチュール'の本義を論じ其訳字を撰定し我が造家学会の改名を望む」, 『건축잡지』 90호.

끼엔쭙(베트남) 또한 파생되었다. 겐치쿠와 건축과 지안주 그리고 끼엔쭙은 동일한 한자어 '建築'의 서로 다른 발음이다.

이토 주타의
용어 선정

이토 주타는 왜 조가와 건축이란 두 가지 번역어 중 특별히 건축이란 용어를 선택하였는가? 그는 왜 그가 속한 조가학회의 기존 명칭을 폐기하고 건축이란 용어로 대신하자고 주장하였는가?

이토 주타는 앞서 언급한 그의 논문에서 다음과 같이 기술하고 있다.

"'아키텍차'의 원래 의미는 결코 가옥을 축조하는 것이 아니다. 그 본질이 실체를 building에 빌어 그 형식을 선이나 외관으로 드러내 진정한 아름다움을 발휘하는 것에 대해서는 더 이상 설명이 필요 없을 것이다. 그렇기 때문에 그것을 조가학, 즉 집을 짓는 학문이라고 번역하는 것은 불가능함을 알아야 한다. 분묘, 기념비, 개선문과 같은 것은 결코 가옥에 포함될 수 있는 것이 아님을 생각해봐야 한다. 이들을 계획하는 사람이 '아키텍토'

| 이토 주타 |

가 아니고서야 누구이겠는가. 그 당답가람은 '아키텍토'가 전력을 다해 창작하는 것이다. 가옥과 동일시한 것이 아니다. 가(家)라는 말은 결코 각종 구조물을 포괄하는 것이 아니다. 더욱이 '아키텍차'가 구조 이외의 것도 포괄한다는 점에서 조가라는 번역이 불가능함을 알아야 할 것이다."

우선 이토 주타는 '조가'라는 용어 자체가 갖고 있는 근본적 한계를 지적했다. 그는 집을 의미하는 '가(家)'와 그것을 짓는 행위를 뜻하는 '조(造)'가 합쳐진 용어인 조가는 단순 집짓기란 뜻밖에 내포할 수밖에 없음을 말하고 있는데, 그리하여 분묘, 기념비, 개선문과 같이 가옥에 포함될 수 없는 '진정한 아름다움을 발휘'해야 하는 대상에는 조가라는 용어를 사용할 수 없음을 역설하고 있다. 더불어 그는 아키텍처의 어원을 분석[31]하며 이 용어의 일본어 번역의 어려움을 토로하고 있다.

"이(아키텍처)를 '조가학'이라고 하는 것이 아주 얼토당토않은 것은 아니다. 이를 건축술이라 하는 것도 역시 일리가 있다. 단지 둘 다 아직 그 핵심에 달하지 못했을 뿐이다. 따라서 아키텍처라는 글자를 우리 문자로 번역하기는 힘드나 무리하게 갖다 붙이면

---

31   그러나 이토 주타가 전개한 아키텍처 어원 분석에 대하여 배재대학교 교수 김영철은 그 논리에 오류가 있음을 지적했다. 이에 대해서는 대한건축학회 논문 「건축과 아키텍처 개념의 정의와 비교 연구」를 참조할 것.

건축술로 번역하는 것이 가장 가까울 것이다."

그러면서 그는 '가(家)'와 같이 짓기 행위의 구체적인 대상이 포함되어 있는 조가라는 용어 대신에 그러한 구체적이며 물리적인 대상이 빠져 있는 건축이라는 용어를 사용하는 것이 조가에 비해 상대적으로 합당할 것이라고 생각했다.

번역어 겐치쿠의
의의

번역어 '겐치쿠(건축)'의 확정은 단순히 번역 기표의 확정으로만 한정할 수 없다. 그것은 동아시아의 집짓기 방식과 그 방식을 지탱하고 있는 여러 구조와 환경이 서구적 아키텍처로 이행하는 것을 의미하는 것이었기 때문이다.

이토 주타는 서구의 아키텍처가 동양의 영건 등과는 등가의 개념이 아님을 상고하면서, 건축이란 번역어의 확정을 통하여 서구 아키텍처의 본질에 보다 근본적으로 다가가고자 했다.

번역은 단순한 기표 바꾸기가 아님은 자명하다. 그것은 이 장의 도입부에 썼던 바와 같이 새롭고 낯선 세계 속으로 총체적으로 진입하는 것을 의미하기 때문이다. 그렇기 때문에 번역이라는 행위는 타자의 언어를 우리의 언어로 받아들임으로써 우리 언어 세계의 외연을 확장하고 그로써 우리 삶 또는 우리 문화를 풍요롭게 하는 것을 의미한다.

따라서 외래의 언어를 받아들이고 번역함에 있어 치밀함과 엄정함이 결여되어서는, 그것은 이미 있었던 내 것의 가치마저도 혼동하는 결과로 이어질 수 있다. 또한 외래의 용어를 번역 없이 그대로 사용하는 것은 우리가 우리의 주체적인 지적 활동으로부터의 소외되는 것을 의미한다. 이와 관련하여 문학평론가 황현산의 다음 글은 의미하는 바가 크다.

"모든 학술용어를 이미 세계 공용어가 된 영어로 통일함으로써 범세계적 학문 발전에 기여할 수 있다는 생각은 그보다 더 위험하다. 이런 생각이 실현된다면 우리말 전체가 학문으로부터 소외될 뿐만 아니라 우리들 자신이 모든 지적 활동으로부터 소외된다."[32]

이토 주타를 비롯한 일본 근대의 건축지식인들은 서구적 개념의 건축, 즉 아키텍처의 본질에 대해 치밀하게 접근하고 또 이해하고자 했다. 그리고 그들은 그 서구의 언어를 그들의 언어로 번역하는 데 지난한 노력을 쏟아부었다. 그들의 이러한 노력을 통해 일본의 근현대건축은 서구를 중심으로 하는 세계건축계의 학문과 담론으로부터 소외되지 않을 수 있는 기반을 마련하게 되었다. 일본의 근현대건축은 겐치쿠의 탄생 위에 서 있다.

32　「학술용어의 운명」, 황현산, 경향신문, 2015. 8. 19.

노란 피부,
하얀 가면

검은 피부,
하얀 가면

서양 제국주의의 팽창과 더불어 동양의 오래된 왕국들은 더욱 노쇠해지며 쪼그라들다 결국 식민지배의 제물로 산화되었다. 압도적 무력 앞에서 늙은 왕조의 힘없는 나라들은 속수무책일 수밖에 없었다. 이 과정은 '우월한' 서양이 '열등하고', '미개한' 동양을 '문명화'하는 일방적인 폭력의 연속이었다. 서양은 기술문명의 진보 그리고 이를 통한 생산성의 비약적 발전과 군사력의 압도적 우세, 더불어 뿌리 깊은 (동양에 대한 서양의) 우월감을 바탕으로 동양을 침략했고 또 식민화했다. 동양에 대한 서양의 식민지배는 이 오리엔탈리즘[33]을 바탕으로 기획되었고 또 전개되었다.

제국주의 국가들의 동양 지배는 '열등한' 지배대상에 대한 무시와 멸시 그리고 모멸과 혐오로 일관되었다. 서양은 식민화를 진행하며 지배자의 위치에서 피지배자의 역사와 문화를 폄훼하고 부정했으며, 이 폄훼와 부정 사이에 식민주의 이론을 이식했다. '미개한' 피지배자는 '문명화'를 통하여 지배자인 서양 수준의 문명에 도달하는 것을 지고의 목표로 설정하게끔 내면화되었다. 그러나 식민의 구조는 피지배자가 지배자와 동등한 위치에 오르는 상황 또한 용납하지 않았다. 그들은 기만적으로 지배했다. 식민지의 많은 피지배자들은 오욕과 굴종을 감당하며 지배자와 닮아지려고 처절하게 노력했는데, 이 과정에서 정체성과 주체성이 개입될 여지는 없었다. 오리엔탈리즘의 프레임 속에서 피지배자는, 정체성을 찾고 주체적 삶을 살 수 있는 권리를 박탈당한 체, 지배자를 닮기 위해 지배자의 가면 쓰기를 주저하지 않게끔 유도되었다.

프란츠 파농(Frantz Fanon, 1925~1961)은 1925년 중앙아메리카 카리브해 동부에 있는 프랑스령 앙티유 제도의 섬 마르티니크[34]에

33　Orientalism, 오리엔탈리즘이란 용어는 에드워드 사이드(Edward W. Said)가 동일한 이름의 명저 『오리엔탈리즘』을 발표한 이후, '동양학', '동양취미'란 협의적 의미에서 동양에 대한 서양의 왜곡된 시선과 편견을 나타내는 용어로 의미 확장되었다.

서 태어났다. 아버지 카지미르 파농은 아프리카계 흑인이었고 어머니 엘레오노르 메델레스는 백인의 피가 섞인 물라토였다. 그는 백인의 피가 옅게 섞인 식민지의 피지배자 계급이었다. 그는 그의 검은 피부를 치열하게 응시하며 「흑인의 탈소외에 관한 시론」이란 퇴짜 학위 논문을 『검은 피부, 하얀 가면』이란 단행본으로 출간했다.

파농은 식민지 지배자를 동경하고 또 그렇게 되기를 갈망하는 피지배자의 정신을 분석했다. 검은 피부를 가진 자들이 하얀 가면을 쓰려는 이유는 "흑백의 이분법적 기표가 정치경제적 위계질서를 상징하기 때문"[35]이다. 그리하여 "흑인이 피지배자이기 때문에 검은 것이 더럽고 악한 것으로 여겨지고, 백인이 지배자이기 때문에 하얀 것이 아름답고 선한 것으로 믿"기는 것이다. 이런 사고의 근저에는 피지배자들의 내면화된 열등의식 그리고 주체의 분열과 자기소외 등이 복합적으로 얽혀 있다. 그러나 지배자-하얀 피부의 백인 되기를 갈망하는 피지배자-검은 피부의 흑인들은 태생적으로 또 구조적으로 그들과 완전히 같아질 수 없었

---

34 마르티니크는 1635년 프랑스의 식민령이 되었고 1946년 프랑스의 해외영토로 편입되어 오늘에 이르고 있다. 마르티니크는 프랑스 식민사의 초반부터 등장하는 오래된 프랑스의 식민지이다. 약 400년에 걸친 식민화는 식민지 피지배자들의 정체성에 깊은 영향을 미쳤다.

35 『검은 역사, 하얀 이론』. p.234, 이경원, 한길사, 이하 큰따옴표 동일.

다. 그들은 하얀 가면을 쓰는 것으로 자위할 수 있을 뿐이었다.

가면을 쓴 상태에서 가면 쓴 자의 정체성을 논하는 것은 무의미하며, 따라서 가면 쓴 자가 주체적 삶을 살아갈 수 없는 것 또한 자명하다. 가면 쓴 자는, 가면 뒤에서 항상 열등감을 내면화한 채, 그 가면의 원 주인공과 동일하게 되려는 강박에 시달리며 타인의 삶을 흉내낼 수밖에 없다. 그러나 본인이 쓰고 있는 가면을 가면으로 인지하는 순간 그리고 그 가면을 벗어낼 수 있는 순간, 가면 쓴 자는 드디어 '내가 나 자신의 토대'[36]임을 깨닫게 된다. 이 깨달음을 통해서 내 삶을 내가 살아내는 주체적 삶이 가능해질 수 있는 것이다. 이것이 파농이 『검은 피부, 하얀 가면』을 통해 역설하는 바이다. 그러나 식민주의의 억압 구조 속에서 그것은 얼마나 도달하기 어려운 목표였겠는가?

탈아입구

에도만에 미국 페리함대가 경천동지의 서막을 연 이후, 1854년 일본은 '미일화친조약'을 맺었고 1858년에는 다시 상호 불평등조약인 '미일수호통상조약'을 체결했다. 이 조약이 갖는 불평등의 핵심은 치외법권의 인정과 관세에 대한

---

36   『검은 피부, 하얀 가면』, 프란츠 파농, 노서경 옮김, 문학동네, p.222.

자율권이 제한되는 협정세율에 대한 인정이었다. 일본은 서구세력과 자주권과 자율권이 박탈당한 조약을 체결하기 시작했다. 이후 일본은 네덜란드, 러시아, 영국 그리고 프랑스 등과 계속해서 불평등조약을 체결[37]하며 굴욕적 상황과 경제적 침탈을 용인해야만 했다. 일본의 쇄국은 더 이상 불가능한 것이었다. 서구열강에 의해 강제 개항될 수밖에 없는 상황 속에서 일본의 정치인들과 사상가·지식인들은 개화와 근대화를 추진하기에 이르렀다.

일본의 부(富)를 향해 달려드는 서구열강의 압도적인 물리력 앞에서 일본은 경악했다. 전무후무의 상황 속에서 일본의 눈에는 서구 기술문명의 힘은 경외할 만한 것이었다. 오리엔탈리즘을 바탕으로 일본 구석구석으로 침투해 들어오는 서구문명 앞에서 일본은 서구를 목표로 하는 문명개화를 기획하기 시작했다.

일본 개화기의 사상가 후쿠자와 유키치는 1885년 『탈아론(脫亞論)』이란 칼럼을 통해 '탈아입구(脫亞入歐)'하자고 주장했다. 아시아를 벗어나 서구사회를 지향하자는 것이 탈아입구의 골자였다. 19세기 일본은 "메이지유신 이후 서양과의 국제관계에서 수많은 불평등을 강요당하면서도 서양인의 눈에 비친 자신의 모습

---

37 1858년 일본이 미국(7월 28일), 네덜란드(8월 18일), 러시아(8월 19일), 영국(8월 26일), 프랑스(10월 9일) 등의 구미 5개국과 체결한 불평등조약을 '안세이5개국조약(安政五ヵ国条約)'이라고 한다.

에 대하여 철저한 열등감을 국민적 잠재의식으로 내면화"[38]시키
고 있었다. 일본은 주권이 박탈당하는 완벽한 정치적 식민화는 경
험하지 않았으나, 그들은 '비문명'적인 동양이 아닌 '문명화'할 수
있는 능력을 갖춘 아시아의 서양, 아시아의 백인이 되고자 하는
정신문화의 식민화 프로그래밍을 스스로 설정하였다. 그들은 '문
명적'인 서양이 되는 것을 국시로 삼아 메이지유신을 단행했다.

이토 주타의 「호류지건축론」

이토 주타는 건축학 논문인 「호류지
건축론(法隆寺建築論)」을 1893년 『건축잡지(제83호)』에 발표하였
고, 이후 수정을 거쳐 1898년 도쿄대학 박사학위논문으로 제출하
였다. 이 논문은 일본건축학계에 보고된 근대적 학문으로서의 최
초 성과물이었다. 이 논문은 서구건축문명의 '우월성'에 대한 인
정이 전제되어 있으며, 이 바탕 위에서 일본 전통건축과 서양 고
전건축의 동질성 또는 연관성을 강변하고 있다.

이토 주타는 호류지건축론을 통해서 호류지가 세계 최고(最
古)의 현존하는 목조건축물임을 논증했을 뿐만 아니라 중문 기

---

38 『만들어진 신의 나라-천황제와 침략 전쟁의 심상지리』, 정창석, 이학사.

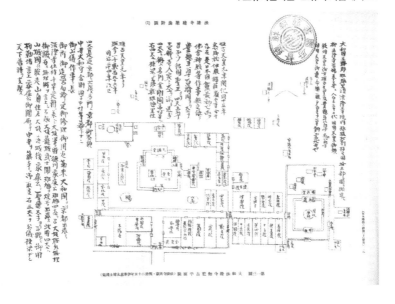

둥의 가운데 부분이 주초와 주두에 비해 지름이 크다는 점, 즉 중문 기둥의 배흘림에 주목하여 이를 고대 그리스 건축의 엔타시스(entasis, エンタシス)로 이해했다. 이는 서구 고전건축의 엔타시스가 동서 문명의 교류과정을 통해 일본으로 전래되었다는 전제를 갖고 있는 것이었다. 그러나 이토 주타는 중문 기둥의 배흘림에 대하여 엔타시스라는 용어를 사용한 것에 대한 구체적이고 명확한 부가설명을 하지 않았는데, 이는 물론 서구건축의 엔타시스가 일본으로 전래되었다는 본인의 주장을 입증할 증거가 없었기 때문이었다.[39]

서구건축의 엔타시스는 원경에 보이는 기둥의 착시효과를 교정하기 위한 건축적인 장치이다. 그러나 호류지 중문 기둥의 배흘림이 엔타시스와 같이 시각교정을 위한 장치임은 불분명하다. 오히려 목재 기둥의 하단 지름을 줄여서 석재인 주초석의 가공을 용이하게 하기 위한 것이 (호류지를 포함한 동아시아 목재 기둥의) 배흘림 이유일 수 있다는 가설[40] 등이 보다 합리적이라고 할 수 있을 것이다.

이토 주타의 호류지건축론에서 확인되는 엔타시스와 배흘림

---

39 「엔타시스와 배흘림에 관한 건축사적 고찰–법륭사(호류지)건축론을 중심으로」, 황보봉, 대한건축학회논문집, p.44.
40 『사라진 건축의 그림자』, 서현, 효형출판, pp.121~126.

의 동일시는, 이노우에 쇼이치의 의견과 같이 서구문명에 경도된 당대 일본사회의 서구적 아름다움에 대한 동경과 환상[41]으로 이해될 수 있다.

이토 주타의 주장은 일본 철학자이자 윤리학자인 와츠지 데츠로(和辻哲郎, 1889~1960)가 1919년 출간한 『고사순례(古寺巡礼)』라는 여행수필집을 통해 일반 대중에 확산되었다. 와츠지 데츠로는 호류지의 배흘림은, 심지어 중국에도 남아 있지 않은, 동양판 엔타시스의 절정이라고 기술했다. 와츠지 데츠로의 대중적 권위를 통해 호류지 배흘림의 기원이 그리스의 엔타시스라는 주장은 공고해졌다. 당시 일본열도는 열광했다. 탈아입구의 시대적 소명을 짊어지고 있던 근대의 일본인들에게 고대 유럽의 문명과 그들의 문명이 직접적으로 조우하는 장면은 얼마나 기대해마지 않던 장면이었겠던가?

이토 주타의 '호류지건축론'은 "그가 서양적 시각(사고)에 의해 자국의 건축을 이해하려는 방법에 의존하고 있음을"[42] 확인시켜주고 있으며, 와츠지 데츠로의 주장 또한 이와 같은 맥락으로 볼 수 있다.

---

41 『호류지의 정신사(法隆寺への精神史)』, 이노우에 쇼이치(井上章一), 홍문당(弘文堂).
42 『일본의 현대건축』, 김기수, 발언, p.39.

노란 피부,
하얀 가면

이토 주타가 「호류지건축론」을 통해 노정한 서양건축과 일본건축의 동질성에 대한 내용은 논문의 형식을 빌린 학문적 '기대' 또는 '소망'일 뿐 입증 불가능한 가설에 불과했다. 「호류지건축론」은 서양건축문명의 우월성에 대한 인정과 동경 그리고 그와 동시에 그에 대한 내면화된 열등감의 표현이라 할 수 있다.

이토 주타가 행한 서양건축에 대한 주도면밀한 연구와 분석과는 별개로, 그는 서양건축을 단지 타자로만 바라보지 못했다. 그에게 서양건축은 너무나도 닮고 싶었던 선망의 대상이었던 것으로 보인다. 탈아입구와 시대적 상황 속에서 이토 주타에게 일본건축은 그 자체로 설명되어지기보다는 서양건축과의 유사성 또는 동질성을 통해서 설명되어질 때 비로소 의미를 갖게 되는 것이었다.

이는 개화기 당시 일본건축의 자기소외를 보여주는 한 단면이라 할 수 있다. 강력한 타자에 대한 동경과 열등감, 그래서 발생하는 자기소외는 자기(일본)의 건축에 타자(서양)의 건축을 덧씌우게 했다. 이는 마치 검은 피부에 쓴 하얀 가면처럼, 노란 피부에 쓴 하얀 가면과도 같은 것이었다.

타자를 닮는 것을 통해 나의 정체성을 세울 수 없다. 다른 이 (타자)와의 차이를 통해 나의 정체성이 정초되는 것이기 때문이다. 그것이 정체성의 개념이다. 그리고 이 정체성을 통해서 만이 내가 내 삶의 주체가 될 수 있는 것은 부연설명을 필요치 않는다.

파농은 말했다.

"왜 그저 단순히 타자를 만지고, 타자를 느끼고, 나에게 타자가 모습을 드러내도록 해보이지 않는가? 나의 자유는 너의 세상을 세우기 위해 내게 주어진 것이 아니던가?"[43]

이후 하얀 가면을 쓴 노란 피부의 자아를 인지하기 시작한 일본의 건축은 가면을 벗고 자신의 얼굴을 드러내는 방향으로 진로를 변경하게 되었다.

---

43 『검은 피부, 하얀 가면』, 프란츠 파농, 노서경 옮김, 문학동네, p.223.

3장

근대에서 현대로

단게 겐조
변천사

건축가
단게 겐조

　　　　　메이지시대의 종언과 더불어 태어난 건축가 단게 겐조(丹下健三)는 다이쇼(大正, 1912~1926)와 쇼와(昭和, 1926~1989) 그리고 헤이세이(平成, 1989~현재)를 가로지르는 노도의 일본 근현대사를 통과하며 개화와 전쟁, 패전과 복구 그리고 활황과 불황의 격변 속에서 일본 근현대건축의 총아로 자리매김했다.

　단게 겐조는 메이지시대가 막을 내린 이듬해인 다이쇼 2년인 1913년 오사카에서 태어났다. 1935년 도쿄대학 건축공학과에 입학하여 공부한 그는 졸업 후 르 코르뷔지에에게 사사한 마에카와

구니오(前川國男, 1905~1986)의 사무실에서 일했다. 1946년 도쿄
대학 건축공학과의 조교수가 된 그는 곧 본인의 작업공간을 마련
하여 실무를 병행했다. 그는 1951년 영국 홋즈던(Hoddesdon)에
서 개최된 CIAM[44]에 마에카와 구니오와 함께 일본대표로 초청
받아 참석하였고 1963년에는 도쿄대학 도시공학과 교수로 임용
되었다. 1964년 요요기국립실내종합경기장으로 세계적 거장의
위치에 올라섰으며, 그 이후 세계 유수의 건축상을 지속적으로
수상했다. 65년 영국 RIBA 골드메달 수상, 66년 미국 AIA 골드
메달 수상, 70년 로마 교황청성 그레고리오 대훈장 수훈, 73년 프
랑스 건축아카데미 골드메달 수상, 76년 독일정부 르메리트 훈장
수훈, 79년 이탈리아 국가 유공 훈장 코멘타드 수훈, 80년 일본문
화훈장 수훈, 86년 일본건축학회대상 수상, 87년 프리츠커상 수
상, 96년 프랑스 레지옹 도뇌르 훈장 수훈 등이 그것들이다. 특히
87년 수상한 프리츠커상은 일본인 최초이자 아시아인 최초로 수
여된 서구 최고 권위의 건축상이었다. 건축가로서 누릴 수 있는
모든 영광과 권위를 경험한 그는 2005년 도쿄에서 운명했다. 영

---

[44]   Congres Internationaux d'Architecture Moderne, 국제근대건축회의는 1928년 유럽의
        신진 건축가들에 의해 발족된 건축가들의 회의로, 근대적 도시계획과 건축이념의
        실현을 도모하였다. 자세한 내용은 다음 장(章) 「메타볼리즘, 서구건축의 타자로서
        의 출현」 참조할 것.

면한 지 십수 년이 된 그이지만 그는 아직도 일본건축계에 선연히 살아 있다. 그가 남긴 건축은 아직도 일본열도 곳곳에 건재하며 그의 건축적 사고와 이론은 엘리트주의적 일본건축계에 인적 계보를 형성하며 오늘날까지 이어지고 있다.

탈구입아

단게 겐조는 메이지유신이 일단락되고 하루가 다르게 상전벽해되는 공간 속에서 태어났다. 이 시기 쏟아져 들어온 서구의 새로운 문물들은 동경의 대상이 되었고 일본의 오래된 문물들은 주변부 구석으로 밀려났다. 와타나베 후쿠조(渡辺福三), 다츠노 긴고(辰野金吾) 등과 같은 당대의 건축가들은 서양 고전주의 양식으로 일본 국회의사당(1917)과 도쿄역사(1920) 등을 설계했다. 서구의 클래식한 건축에 사람들은 열광했고 일본의 덴토(傳統, 전통)건축은 소외되었다. 단게 겐조가 태어나던 즈음의 일본사회는 탈아입구를 목표로 일본 덴토를 거세하고 서구 클래식을 이식하는 데 국가적 기력을 집중하는 시기였다. 단게 겐조는 서구를 향한 동경과 열망 그리고 열등감과 콤플렉스가 서로 뒤엉킨 일본에서 성장했다.

| 건축가 단게 겐조 |

단게 겐조가 대학교육을 받기 시작하던 1930년대의 일본은 기고만장의 용틀임을 하는 시기였다. 러일전쟁의 승리 그리고 만주사변 등을 거치며 일본은 서구 모방에서 서구 초극의 단계로 이행했다. 서구를 모방하는 것을 넘어 일본 스스로 세계 중심에 우뚝 서는 것, 이것이 모방에서 초극으로 넘어가는 이행의 골자였다. 그래서 그들은 서구와는 다른 일본만의 무엇을 필요로 하기 시작했다. 일본이란 정체성에 대한 자각은 비로소 시작되었는데, 그리하여 일본은 아시아의 일원으로 회귀함과 동시에 아시아의 최종 종주국으로서 서구와는 다른 독자적 자리에서 아시아를 지배하고자 했다.

아시아의 '비문명'에서 벗어나 서구의 '문명'으로 진입하고자 했던 일본은 이제 다시 탈구입아(脫歐入亞), 즉 서구에서 벗어나 아시아로 회귀하는 방향으로 정책을 선회했다. 대동아공영권건설이란 제국주의적 야망은 탈구입아를 바탕으로 기획되었다.

탈구입아라는 또 다른 시대적 소명을 설정한 일본은 민족주의를 소환했다. 당시의 일본은 아시아적인 것 그리고 그보다 우월한 일본적인 것의 찬란한 부활을 도모했는데 가와모토 료이치(川元良一), 와타나베 진(渡辺仁) 등과 같은 제국의 건축가들은 철근콘크리트 몸체에 기와지붕을 얹은 군인회관(1934), 도쿄 황실박물관(1937) 등을 설계했다.

단게 겐조가 정규 건축교육을 받을 즈음의 일본사회는 탈구입아를 목표로 서구의 클래식을 몰아내고 일본의 덴토를 소환하는 원점회귀의 시기였다. 단게 겐조는 제관양식과 동양취미 또는 일본취미란 이름 아래 전통건축의 형태적 복원에 대한 강박에 사로잡혀 있던 일본사회에서 건축을 공부했다.

1945년의
전과 후

서구 제국주의의 팽창기이자 서구 모더니즘의 활황기였던 1930년대. 당시 서구건축의 중심에는 르 코르뷔지에가 있었다. 그는 세계 각처에서 프로젝트를 진행하고 있었는데 그의 사무실은 다국적 직원들로 충원되어 있었다.

일본건축가 마에카와 구니오는 1928년부터 30년까지 프랑스에 있는 코르뷔지에의 사무실에서 일하고 일본으로 돌아왔으며 이후 그는 일본건축계에 서구 모더니즘건축의 오리지널리티를 구현하기 위해 노력했다. 단게 겐조는 39년부터 42년까지 마에카와 구니오의 사무실에서 일했는데 단게 겐조의 스승의 스승이 르 코르뷔지에였다.[45]

---

45 단게 겐조는 고등학교 때 잡지를 통하여 이미 르 코르뷔지에의 존재를 알고 있었으

단게 겐조는 메이지유신 직후 서구문물의 홍수 속에서 태어나고 성장했으며, 민족주의가 '발현'된 거대한 기와지붕 건축물이 세워지던 시기에 대학교 정규교육을 받았다. 그리고 졸업과 동시에 그는 서구 모더니즘건축의 핵심부에 가장 가깝게 접근했던 일본 서구건축의 선구자에게서 건축실무를 익혔다. 청년기 단게 겐조의 건축은 하루가 다르게 무너지고 또 세워지는 예측불허의 변화 속에서 생성되었다.

태평양전쟁에서 일본이 패하던 1945년 전후의 10년은, 일본의 제국주의적 광기가 클라이맥스의 꼭지점을 찍고 이후 우울의 심연으로 가라앉는 시기였다. 대동아공영권의 구축은 원자폭탄 투하와 더불어 결딴났고 만세일계의 현인신(現人神)인 일본 천황은 스스로 천황의 신격을 부정하며 그가 인간임을 선언했다. 일본의 정체성으로 세계제패에 이르고자 했던 일본 제국주의는 일순간에 소멸되었고 패전의 우울과 암울 그리고 미래에 대한 불안과 원폭에 대한 피해의식이 일본인 의식의 깊은 곳에 자리 잡는 시기였다.

일본의 모든 문화양태는 이 암울의 45년을 전후로 급변했다.

며 그에게 감명 받아 건축가가 되기를 결심했다고 한다. 1939년에는《현대 건축》이란 잡지에 르 코르뷔지에와 관련된 논문을 발표하기도 했다.

욱일승천의 민족주의적 색채로 찬연하던 일본의 문학, 예술 그리고 건축 등은 패전과 더불어 폐허의 허무와 피해의식의 멜랑콜리로 채워졌다. 단게 겐조가 건축가로 최초의 두각을 나타내던 시기는 이 45년 전후에 양립해 있다. 그는 1942년 대동아건설기념영조계획(大東亞建設記念営造計画) 설계공모에서 1등으로 당선되었고 7년 뒤인 1949년에 개최된 히로시마평화기념공원(広島平和記念公園) 설계경기에서 또다시 1등으로 당선되었다. 제국주의적 팽창과 침략을 '기념'하기 위한 건축물로 일본건축계의 신성으로 등장한 그는 원폭의 상흔을 치유하고 평화를 기념하기 위한 기념관 건축물에서도 1등으로 당선했다.

대동아건설기념영조계획

양차 세계대전 사이에서 파시즘은 극성기를 이루었다가 추축국의 패전과 함께 사라졌다. 1921년 독일의 히틀러는 나치스의 당수가 되었고 1932년 독일 총선에서 승리한 후 이듬해인 1933년 독일 수상에 임명되었다. 이후 히틀러에 의한 1인 독재와 1당 독재의 전횡은 계속되었는데, 1945년 독일의 패전이 확실시되자 독재자는 자살로 생을 마감했다. 1919년 이탈리아의 무솔리니는 파시스트당을 조직했고 1921년 당수로 취임했다. 무솔리니는 폭력과 공포를 통한 퇴행과 반동으로 이탈리아 파시즘을 이끌다가 1945년 패전과 함께 처형당했다.

1932년 일본 한 무리 청년장교들은 난리를 일으켜 일본 정당 정치를 해산시켰으며 군부와 관료가 모든 정치적 권력을 행사하는 일본 파시즘의 기반을 마련했다. 군부는 실제 권력의 정점에 서서 정치적 권력을 독점하였으며 관료는 군부의 손발이 되어 일사불란하게 행정명령을 수행했다. 새로운 독재군부는 천황의 신격을 용인하였으며 오히려 천황의 상징성과 구심력을 이용하여 독재권력을 공고히 했다. 일본 파시즘 또는 천황제 파시즘은 대동아공영권건설이란 말기적 제국주의의 몽상을 실현하기 위해 안달발광 하였으나 1945년 히로시마와 나가사키에 원자폭탄이 투하되었을 때 그 즉시 종결되었다.

파시즘은 국수주의, 군국주의, 전체주의, 민족주의 그리고 인종주의 등의 비이성적 이데올로기를 바탕으로, 폭력과 공포를 유효한 수단으로 동원하여 1인 독재와 1당 독재를 강요하고 또 강제한다. '다른' 국가 또는 '다른' 민족, 기타 독재적 권력의 구축에 위협이 되는 다른 무엇을 일체 용인하지 않는 파시즘은 '우리나라(자국)'와 '우리민족(자민족)'이란 국수주의적이며 민족주의적인 정치 슬로건을 통해 독재권력을 유지, 강화해 나갔다.

파시즘의 극성기에 특정 건축가들과 그들의 건축은 파시즘을 위해 복무했다. 무솔리니는 고대 로마제국의 영광을 재현하기 위해 로마의 기념비적 건축물들을 소환해냈다. 1922년 이탈리아 밀라노에서 결성된 노베첸토(Novecento) 그룹은 과거 위대한 이탈리아로의 복귀를 주창했다. 복고적 신고전주의 건축물들은 이탈리아 파시즘[46]을 수발했다.

알베르트 슈페어(Albert Speer, 1905~1981)의 건축 또한 파시즘에 복무하는 건축을 보여준다. 히틀러와 나치에 부역한 군수장관이자 건축가였던 알베르트 슈페어는 뉘른베르크에 있는 나치 전당대회장을 설계했는데 이 건축은 파시즘 건축의 전범이라 할 만하다. 강렬한 축을 형성하는 건축의 배치계획, 이 축을 중심으로 한 엄정한 좌우대칭의 구도, 무수히 반복되는 열주와 인간의 크기를 압도하는 비인간적인 스케일 등에서 그러하다. 축의 끝 높은 기단에는 압도하는 1인이 있고 그 앞 낮은 광장에는 압도당하는 절대다수의 군중이 있다. 이것은 건축을 통한 폭압의 전형적 모습이라 할 수 있다.

---

46 파시즘과 건축이란 두 용어와 관련하여 이탈리아 건축가 주세페 테라니(Giuseppe Terragni, 1904~1943)를 언급하지 않을 수 없다. 그 스스로 열혈 파시스트였던 테라니는 1932년 이탈리아 코모(Como)에 파시스트의 집(Casa del Fasio)을 설계했다. 이 건축은 파시스트를 위한 건축이었으나, 그 건축적 기반은 고전 리바이벌인 노베첸토 그룹의 건축과는 결을 달리했다. 골수 파시스트이자 명석한 모더니스트이며 동시에 유능한 테크노크라트(technocrat)였던 그는 당시 근대적 합리성에 입각하여 파시스트의 집을 설계했다. 그는 파시스트였으나 그의 건축은 파시즘적 비이성과는 관계가 없었다. 코모에 있는 파시스트의 집은 현재 코모 시청사로 쓰이고 있다.

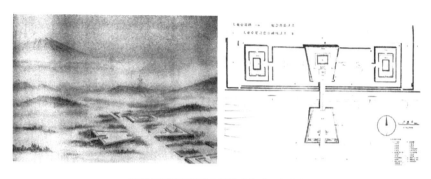

| '대동아건설기념영조계획' 단계 겐조의 당선안 |

　1942년 일본 천황제 파시즘은 광기의 정점에 오른다. 아시아의 최종 지배자로 군림하고자 했던 일본의 군부는 대동아공영권이란 지리적 범주를 설정했다. 일본 본토를 중심으로 한반도와 만주 그리고 중국 동부와 인도차이나 반도를 비롯한 동남아시아의 대부분 그리고 남태평양에 산개해 있는 무수한 도서 국가들을 아우르는 광대한 범위를 대동아공영권의 경계로 설정한 일본의 파시즘 군부는 서구의 압제에서 공영권 내의 아시아 국가들을 해방시켜야 한다는 허황된 논리와 병적 강박으로 시달렸는데, 이 당시 일본의 건축은 그들 조국의 말기적 파시즘에 부역했다.

　1942년 일본건축학회는 조국 일본의 '대동아공영권 확립의 웅혼한 의도를 표상'하기 위하여 '대동아건설기념영조계획'이란 타이틀의 설계공모를 개최했다. 당시 서른 살이었던 단게 겐조의 계획안이 1등으로 당선되었는데, 그의 계획안은 서구 모더니즘 건축의 기술적 합리성과 파시즘 건축의 폭압적 권위성 그리고 일본 전통건축의 표현주의적 요소들이 서로 혼성된 모습을 보여주고 있었다.

그의 당선안은 황궁이 있는 수도 도쿄에서 일본의 상징인 후지산을 잇는 대동아도로와 대동아철도를 기획하는 장대한 도시계획적 스케일로부터 출발하고 있는데, 이 '대동아'를 상징하는 주요 간선도로에 직교방향으로 강렬한 축을 형성하며 배치된 충령신역이 계획안의 주요 핵심을 이루고 있다. 열주랑(列柱廊, colonnade, 수많은 기둥으로 구획된 복도)으로 건축의 경계를 형성하고 있는 충령신역은 중심축을 기준으로 완벽한 좌우대칭을 이루고 있는데, 진입방향으로부터 축 선상의 끝에는 이세신궁의 볼륨과 의장을 차용한 본전이 후지산을 배경으로 배치되어 있다. 본전은 철근콘크리트 구조로 되어 있으며 그 형태는 신사건축의 단순한 박공지붕과 지붕장식물을 직설적으로 차용하고 있다.

단게 겐조의 당선안은 1942년 일본의 건축을 포함한 정치, 사회, 문화, 예술 등의 모든 면에 깊게 침윤된 일본 파시즘의 단면을 보여주고 있다. 대동아건설기념영조계획의 최종 당선안은 슈페어의 뉘른베르크 전당대회장의 일본판 리바이벌을 연상시킨다. 이 계획안은 일본의 패망과 더불어 폐기되었다. 건축가 단게 겐조의 건축적 경력은 일본 파시즘을 위한 건축으로 시작되었는데, 이에 대해 동시대 건축 비평가인 가와조에 노부루(川添登)는 "침략전쟁을 성전으로 찬미한 전범과도 같은 것"[47]이라고 평가했다.

히로시마평화기념공원

대동아건설기념영조계획의 당선 이후로부터 7년 뒤인 1949년에 단게 겐조는 히로시마평화기념공원 설계공모에서 또다시 1등으로 당선되었다. 1945년 8월 6일 원자폭탄이 투하된 히로시마는 궤멸적 타격을 입었다. 히로시마의 도시적 상흔은 곧 원폭에 의한 상흔이다. 히로시마평화기념공원은 원폭 피해자들의 영혼과 더불어 살아남은 자들의 마음을 위로하고 또 이를 통해 평화의 의지를 공고히 하기 위해 계획되었다. 이것이 히로시마평화기념공원의 설립 취지였다. 전범(戰犯)으로서의 죄의식과 반성은 공원의 계획이념에는 포함되지 않았다. 공원 중심축에 놓인 아치형태의 기념 조형물 너머로 보이는 원폭 돔은 픽처프레임을 통해 극적으로 부각되며 원폭에 의한 피해의식만이 의식, 무의식적으로 선명해진다.

단게 겐조는 7년이란 시간을 통과하며 제국주의적 침략과 광

---

47   『일본의 현대건축』, 김기수, 발언, p.59.

| 위령탑 너머로 보이는 원폭 돔 |

기 어린 파시즘을 위한 건축에서 전쟁의 참화를 극복하기 위한 건축으로 건너왔다. 그러나 이 두 건축에는 상당한 유사성이 확인된다. 히로시마평화기념공원은 히로시마 주요 간선도로인 평화대로에 직교방향으로 축을 이루고 있다. 이 축을 중심으로 건축물의 배치는 좌우대칭을 이루고 있는데, 진입로에서 축의 끝으로 접근하면 기념 아치 조형물 너머로 원폭으로 파괴된 사체 같은 돔이 한눈에 들어온다. 이는 대동아건설기념영조계획 당선안의 구성과 배치 그리고 축의 초입 진입부에서 맞은 편 축의 끝단에 중요한 위계를 부여한 점 등에서 많은 부분에서 유사성을 보이고 있다. 일본건축계는 이에 대해 '충격적인 유사성' 등과 같은 표현으로 둘 사이의 유사성을 설명하고 있다.[48]

그러나 대동아건설기념영조계획에서 보이는 완벽한 좌우대칭은 히로시마평화기념공원에서는 상당 부분 완화되었다. 우선 평화기념공원 부지의 비대칭적 형상과 공원 상단부에 구획된 비대칭적 사선도로는 공원의 좌우대칭 구도를 약화시키고 있다. 그리고 공원의 중심 건축인 평화기념자료관의 필로티 하부 진입계단은 건축물의 우측 부분에 치우쳐 있는데, 이러한 이유 등으로

---

48 이와 관련하여서는 다음을 참조할 것. 『일본 '전후건축'의 성립-단게 겐조의 히로시마평화공원(시대의 눈)』, 조현정, 학고재, p.203.

평화기념공원의 전체적인 시머트리(symmetry)는 상대적으로 약화되었으며, 이로 인한 공원의 전체적인 경관은 권위적 경직성에서 벗어나 있다. 또한 충령신역과 같은 장대한 콜로네이드 없이 사방으로 개방된 평화기념공원의 조경배치계획 또한 대동아건설기념영조계획안과 같은 폐쇄적 기념비성과는 결을 달리하게 만들고 있다.

대동아건설기념영조계획안과 히로시마평화기념공원이란 서로 상반된 건축적 과제에 대한 건축가 단게 겐조의 대응은 놀라울 만큼 유사했다. 그러나 후자의 계획안에서는 (기념비적 공간을 위한 도시계획적 스케일과 건축적 장치의 유사성과 별개로) 대칭과 균형, 폐쇄와 개방, 직설과 은유의 완급을 조절하는 건축적 성숙 또한 보여주었다. 건축가 단게 겐조는 1942년과 49년 각각의 건축에서 자기표절의 미숙과 건축 언어의 성장을 동시에 보여주었다.

히로시마평화기념자료관과
가가와 현청사

히로시마평화기념공원은 단게 겐조에게 국제적 명성을 안겨준 건축이었다. 기념공원의 중심적 건축이라 할 수 있는 자료관은 1955년 완공되었는데, 이 건축물은 일본 근대건축물로는 유일하게, 건축가 무라노 도고(村野藤吾)의 건

| 가가와 현청사를
바라보고 있는
건축가 단게 겐조 |

축물[49]과 더불어 일본 국가중요문화재로 지정되었다. 이 건축물은 필로티로 되어 있으며 누하진입을 통한 진입공간으로의 역할을 하고 있다. 필로티와 평지붕, 수직루버와 노출콘크리트의 몸체 등은 서구 모더니즘건축의 두드러진 영향을 보여주고 있으나, 배치에서 보이는 뵤도인(平等院)[50]과의 유사성, 수직루버가 만들어내는 선적이며 세장한 입면 비례 그리고 쇼소인(正倉院)[51]이나 신사건축의 고상건축 구조와 유사한 필로티 구성 등에서 일본 전통건축의 특질 또한 발견할 수 있다.

단게 겐조는 1951년 CIAM에 참석한 이후 서구건축의 변화 기류를 기민하게 감지했고 이에 대한 일본건축의 나아가야 할 방향을 전략적으로 설정했다. 그는 서구건축에 비해 제한적이고 낙후된 일본의 건축 기술력을 핸디캡으로 인정하면서도 서구 모더니즘건축의 기술적 합리성과 일본 전통건축의 주요 요소들을 접

---

49 무라노 도고(1891~1984)는 일본 근현대건축계의 중요한 위치를 차지하는 건축가로서 그의 건축물인 우베시 와타나베 기념회관(宇部市渡辺翁記念会館, 1937), 다카시마야 도쿄점 증축(高島屋東京店増築, 1952), 세계평화기념성당(世界平和記念聖堂, 1955) 등 3개의 건축물이 일본 국가중요문화재로 지정되었다.

50 교토에 있는 뵤도인은 1052년 당대 최고 권력자인 후지와라 요리미치(藤原頼通)가 부친으로부터 물려받은 별장을 사찰로 개축한 건축물을 말한다. 날개를 편 새 형상의 건축물인 호오도(鳳凰堂)가 뵤도인의 중심이다.

51 나라에 있는 쇼소인은 동다이지(東大寺) 경내에 있는 건축물로 황실의 보물창고로 사용되고 있다. 쇼소인은 필로티와 유사한 고상건축으로 우진각 지붕을 얹고 있는 단출한 건축물이다.

목시키고자 노력했다. 이는 일본이 전통적으로 서구문물을 받아들이는 방식인 화혼양재의 건축적 적용이라 할 만했다.

1958년 완공된 가가와 현청사(香川県廳舍)는 단게 겐조의 이러한 건축적 방법론을 구체적으로 적용한 초기 걸작이다. 가가와 현청사는 9층에 이르는 당시에는 비교적 고층에 해당하는 규모로 수직 동선과 설비에 필요한 공간을 평면 중심에 한데 모아 배치하였으며 그 외 공간은 내력벽을 두지 않는 칸막이벽 시스템으로 계획하여 공간의 융통성을 높였다. 이 공간의 융통성이란 측면은 모더니즘건축의 중요한 공간적 가치이면서도 동시에 동양(일본)의 목조가구식 구조가 갖는 공간적 특질이기도 하다. 가가와 현청사의 입면은 좀 더 일본적인 방식으로 구성되었으며, 각 층은 캔틸레버 구조의 돌출된 바닥판과 난간 등이 가느다란 수평선을 이루며 입면 전체에 도드라져 있다. 또한 기와리 된 서까래를 연상시키는 연속된 부재들이 이 수평선을 촘촘히 지지하고 있다. 이러한 이유들로 원경에서 보이는 가가와 현청사의 분위기는 대단히 일본적인 정취를 풍기고 있다. 케네스 프램튼은 "가가와 현청사는 훌륭하면서도 명쾌한 공간 구성으로 헤이안시대에서부터 전해진 개념을 국제양식의 일반적인 어휘에서 신중하게 추출한 요소와 융합하여 거의 고전적인 조화를 이루었다."[52]라고 평가했다.

55년과 58년 건축가 단게 겐조의 건축적 역량은 이미 완숙기에 접어들었다. 그는 근대화와 산업화에 대한 열망과 전통의 보존이란 양가적 상황에 정면으로 응전하며 비교적 성공적인 건축적 해법을 제시했다.

그 후

1964년 도쿄 요요기국립실내종합경기장과 도쿄 주교좌 성마리아대성당으로 단게 겐조의 건축적 성취는 정점에 올랐다. 특히 요요기국립실내종합경기장은 단게 겐조가 일본인 최초이자 아시아인 최초로 프리츠커상을 수상하게 되는 결정적인 건축물이었다. 프리츠커재단은 요요기국립실내종합경기장에 대해서 "고대의 희미하게 기억된 과거에서 나온 것처럼 보일뿐 아니라 오늘날까지도 숨막히게 하는 부분이 있다"[53]라는 감동적인 선정 이유를 밝혔다. 1960년대 이후 일본경제는 호

52　『현대건축 : 비판적 역사』, 케네스 프램튼, 송마숙 역, 마티, p.501. 가가와 현청사에 대한 케네스 프램튼의 이어지는 평가는 다음과 같다. "이 작업의 역사주의와, 불교와 일본의 토속 신앙 '신토'가 뒤섞여 참조되었다는 점에도 불구하고 단게는 이 작업으로 제2차 세계대전 이후 일본에서 주요 인사로 입지를 다질 수 있었다…(중략)…단게가 일본의 강력한 산업 발전에서 분출된 에너지와 사회적으로 '해방시키는' 힘과 관련된 전통이 담당해야 하는 양가적 역할을 날카롭게 자각하고 있었다는 사실은 가가와 현청사 완공 당시에 했던 예리하면서도 낙관적인 분석이 말해준다."

53　프리츠커 건축상(The Pritzker Architecture Prize) 홈페이지 http://www.pritzkerprize.com/.

| 도쿄도 신청사 |

황과 활황을 거듭하는데 이와 더불어 일본 건설경기 또한 유례없는 성장을 보였다. 이러한 건설 붐에 힘입어 단게 겐조는 야마나시문화회관(1966), 시즈오카 신문 방송회관(1970), 도쿄대학본부(1979), 효고현립역사박물관(1983), 요코하마미술관(1989) 등의 건축물들을 꾸준히 생산하였으며, 보스턴 만 프로젝트(1959), 도쿄 만 제안(1961), 미국 볼티모어 도시 재개발(1973), 이탈리아 나폴리 뉴타운 도심계획(1980), 프랑스 센강 좌안 도시계획(1993), 베트남 호치민시 신도심계획(1996) 등과 같이 여러 국가들의 도시계획 프로젝트 또한 수행했다. 그러나 단게 겐조는 청장년 초기 때와 같은 건축적 담론들을 만들어내지는 못했으며, 케네스 프램튼의 지적처럼 메가스트럭처 규모의 프로젝트들에서 휴먼스케일이나 장소에 대한 감각을 잃어갔다.[54] 특히 1990년 말 완공된 도쿄도 신청사의 경우는 고딕성당의 파사드를 연상시키는 트윈타워의 입면으로 포스트모더니즘의 철 지난 리바이벌이란 혹독한 비판을 받아야 했다.

그러나 건축가 단게 겐조가 유영한 일본 근현대건축의 바다는 넓었다. 그는 20세기 일본건축사의 모든 주요 국면마다 본인의 이름과 흔적을 남겼으며, 그의 학문적 우산 속에서 마키 후미

---

54 『현대건축 : 비판적 역사』, 같은 책, p.503.

히코(槇文彦), 이소자키 아라타(磯崎新), 구로가와 기쇼(黑川紀章), 기쿠타케 기요노리(菊竹清訓) 등과 같은 향후 일본 현대건축의 거장들이 성장할 수 있었다. 그가 보여준 서구건축에 대한 면밀한 관찰과 심도 있는 관심 그리고 서구건축에 편입될 수밖에 없는 일본건축의 현실과 국제건축의 질서 속에서 일본건축이 나아가야 할 바를 치밀하게 제시한 건축가로 그만큼 폭넓고 유효한 대안을 제시한 일본건축가는 또 없었다.

단게 겐조는 일본의 건축이 세계건축계의 단순한 일원으로 편입되는 것을 넘어 '또 다른' 건축적 발언의 주체자로 부각될 수 있었던 바탕이 되었다.

메타볼리즘,
서구건축의 타자로서의
출현

근대건축의
사망

　　　　　　1961년 언론인이자 사회운동가인 제
인 제이콥스(Jane Jacobs)는 도시계획 분야의 명저『미국 대도시
의 죽음과 삶(Death and Life of Great American Cities)』에서 근대주
의적 건축과 도시계획이 미국의 도시를 병들게 하고 있음을 신랄
하게 지적했다. 1966년 미국 건축가 로버트 벤추리(Robert Charles
Venturi)는『건축의 복합성과 대립성(Complexity and Contradiction
in Architecture)』이란 책을 통해 국제주의양식으로 대변되는 모
더니즘건축의 획일성과 무미건조함을 조롱했다. 1977년 건축가

이자 건축저널리스트인 피터 블레이크(Peter Blake)는 『형태는 낭패에 따른다 : 왜 근대건축은 실패하였는가?(From Follows Fiasco: Why Modern Architecture Hasn't Worked?)』에서 "형태는 기능을 따른다.(From Follows Function)"란 모더니즘건축 최대 아포리즘을 비틀며 낭패, 실패, 실수 등을 뜻하는 단어 Fiasco를 Function의 위치에 대신 삽입하여 근대건축의 불능을 풍자했다. 1977년 건축사가인 찰스 젠크스(Charles A. Jencks)는 그의 저서 『포스트모던 건축의 언어(The Language of Post-Modern Architecture)』의 첫머리에서 근대건축의 사망을 진단했다. 그는 "다행스럽게도 우리는 근대건축의 정확한 사망시간을 알 수 있다… 근대건축은 1972년 7월 15일 오후 3시 32분 미국 미주리주 세인트루이스에서 악명 높은 프루이트 아이고 단지 전체 또는 슬라브 바닥 몇 개 층의 폭파로 한 방에 사망했다."[55]고 말했다.

1972년 프루이트 아이고(Pruitt‑Igoe)는 폭파 · 해체되었다. 1955년 미국 미주리주(州) 세인트루이스에 세워진 아파트 단지 프루이트 아이고는 일본계 미국인 건축가 야마사키 미노루(山崎

---

55 Happily, we can date the death of Modern architecture to a precise moment in time… Modern architecture died in St Louis Missouri, on July 15, 1972 at 3:32p.m. (or thereabouts) when the infamous Pruitt–Igoe scheme, or rather several of its slab blocks, were given the final coup de grace by dynamite.

實, 1912~1986)가 설계했는데, 이 아파트 단지는 모더니즘의 사회주의적 열망을 실현시킬 수 있을 것이라는 기대를 한 몸에 받는 프로젝트였다. 이 야심찬 프로젝트는 많은 도시 서민들에게 그들의 주택을 소유하게끔 하고 또 '합리적'이고 '체계적'인 주거계획을 통해서 근대적 삶에 맞는 쾌적한 주거환경을 제공하는 데 그 목적이 있었다.

그러나 모더니즘의 끝물에 세워진 이 건축물은 모더니즘건축이 지향한 유토피아적 이상향과는 거리가 멀었음이 증명되었다. 기하학적 직선과 표백된 듯 하얀색으로 뒤덮인 아파트 단지는 비기하학적 삶의 양태와 총천연색으로 구성된 일상의 자질구레함을 담을 수 없었다. 프루이트 아이고 주거단지가 폭파되어 철거되는 장면은 모더니즘건축의 사망을 상징하고 있다.

국제근대건축회의 해체와
단게 겐조의 예상

1928년 발족된 국제근대건축회의(CIAM)는 근대라는 새로운 세상에 부합하는 새로운 도시와 건축의 구현을 목표로 하였다. CIAM은 고전건축과 아카데미즘이 주류를 이루고 있는 당대 서구건축에 대한 전복적인 모임으로 마흔을 갓 넘긴 르 코르뷔지에가 모임을 주도하고 있었다. 그 밖에 그로피우스, 브루노 타우트, 미스 반 데어 로에(Mies van der Rohe) 그리고 아스플룬트와 알바 알토 등이 CIAM의 일원으로 활동한 건축가들이었다. 그들 모두는 서구 근대건축사를 별빛 찬란하게 반짝이게 만든 스타건축가들이었다.

CIAM은 결국 '새로움'으로 귀결된다. 철과 콘크리트 그리고 유리와 같은 새로운 재료의 사용, 표준화와 공업화를 통한 새로운 건축방식의 도입, 위생적·구조적·미학적으로 새로운 체계 설립 등이 그 새로움의 주된 내용들이었다.

CIAM은 1951년 영국 홋즈던에서의 제8차 회의에서부터 분열의 조짐을 보였으며, 1953년 프랑스 엑상프로방스(Aix-en-Provence)에서 개최된 제9차 회의를 거쳐 1956년 크로아티아 두브로브니크(Dubrovnik)에서의 제10차 회의를 기점으로 와해되었다. 결국 CIAM은1959년 네덜란드 오텔로(Otterlo)에서의 모임을 마지막으로 해체되었다.

1928년 당시의 건축가들은 CIAM의 마지막 즈음에는 이미 노회하여 기득권화하였는데, 1953년 회의 때부터 참석하기 시작한 새로운 세대의 젊은 신진 건축가들은 노회한 거장들과 불화했다. '팀 텐(Team X)' 등의 젊은 건축가들은 이미 늙어버린 28년 당시의 오래된 신진 건축가들의 권위와 형식주의를 부정하며 근대건축의 적폐를 청산하고자 했다. 이는 단순한 신구갈등 또는 세대갈등의 문제가 아니었다. 근대라는 시대, 근대라는 도시와 건축이 만들어낸 여러 문제점들이 도처에서 노출되기 시작했던 것이었다.

1928년 당시의 젊었던 건축가들은 건축을 통해 세상을 구원하려고 했다. 그들은 건축으로 혁명을 대신할 수 있을 것이라고 생각했다. 그러나 기하학의 반듯한 질서와 공업화·표준화의 효율 그리고 이성적 계획의 합리성은, 세상잡사의 복잡함과 모순투성이의 인간 삶을 온전히 조망할 수 없었다. 그리하여 1956년 새롭게 등장한 젊은 신진 건축가들은 비공업적이면서 비표준적인, 삶의 복잡함과 다양함을 포용할 수 있는 도시와 건축을 제안하기 이르렀다.

건축가 단게 겐조는 히로시마평화기념공원의 현상설계로 국제적인 인지도가 높아지는 시점인 1953년 CIAM의 제8차 회의에 마에카와 구니오와 함께 초대되었다. 그는 일본건축의 대표자로서 회의에 참석하여 당대 서구의 거장 건축가들과 조우했다.

제8차 회의의 주제는 '도시의 심장(The heart of the city)'이었는데, 이 회의에서는 제4차 회의 당시 발표된 르 코르뷔지에의 '아테네 헌장(Athens Charter)'이 부정되었다. 이는 근대적 도시·건축의 근본적 이념이 뿌리부터 의심받는 사건이었다. 단게 겐조는 이 회의에 참석한 후 "세계건축계가 각 지역의 전통성과 풍토성을 중심으로 지역적 건축 활동이 활발할 것임을 예상"[56]했다. 그는 국제건축계의 동향 변화를 기민하게 감지하고 있었다.

CIAM의 근대적 도시 · 건축 개념이 붕괴된 이후, 팀 텐과 아키그램(Archigram) 등의 새로운 건축집단들은 삶과 유리된 박제된 형식주의를 대신할 방안을 궁구했다. 그들은 근대의 정적인 엄숙함과 표준화된 박스에서 벗어나 동적인 약동성(또는 역동성) 그리고 지역과 전통이 녹아 있는 도시와 건축을 제안하기 시작했다. 단게 겐조의 예감은 적중했다.

메타볼리즘의 탄생

이후 단게 겐조는 동분서주하며 근대의 기술력과 일본의 전통과 풍토를 한데 엮기 위해 고군분투했다. 히로시마평화기념자료관, 가가와 현청사, 요요기국립실내종합경기장 등은 그 분투의 노작들이었다.

전후 일본의 국력과 국운은 날로 상승했다. 그리고 일본은 상승하는 국력을 바탕으로 1960년 세계디자인회의(World Design Conference)의 일본 개최를 확정지었다. 회의를 위한 준비위원

56　『일본의 현대건축』, 김기수, 이석미디어, p.64.

회의 초대 총괄 책임자로 단게 겐조가 임명되었다. 그러나 그는 1959년 MIT에 교환교수로 가게 되었고 그의 후임으로 아시다 다카시(淺田隆)가 임명되었다.

후임 책임자는 곧바로 건축가 구로가와 기쇼, 건축비평가 가와조에 노부루 등을 준비위원으로 위촉하며 세계디자인회의를 준비하기 시작했다. 가와조에 노부루는 일본건축계의 가장 영향력 있는 잡지인 『신건축』의 편집장으로 지적이고 전략적이며 논쟁적인 인물이었다. 그는 1950년대 단게 겐조와 시라이 세이치[57] 등의 건축가들을 통해 일본 전통논쟁을 주도적으로 이끌고 기획했던 인물이었다.

가와조에 노부루는 구로가와 기쇼, 기쿠다케 기요노리[58] 등과의 준비모임을 통해 국제건축계에 보여줄 일본건축에 대해 고민했다. 태평양전쟁으로 초토화된 일본도시에서 성장한 그들이 처

---

57 白井晟一(1905~1983), 시라이 세이치는 일본건축계의 이단아로 불린다. 그는 독일 베를린 대학에서 철학을 전공했으며, 칼 야스퍼스(Karl Jaspers)에게 사사받으며 좌익운동에 투신하기도 했다. 그는 철인(哲人) 건축가였다. 일본 주류건축계의 서구 종속적 현실을 비판하며 불화하였고 전통논쟁과 관련하여 「조몽적인 것(縄文的なるもの)」이란 유명한 에세이를 남겼다. 시라이 세이치는 언캐니(uncanny)한 건축으로 그만의 독특한 건축세계를 추구했다. 우리 건축가 김중업과 유동룡(이타미 준)과 교우하기도 했다.

58 기쿠타케 기요노리는 메타볼리즘의 발표 이전인 1959년 네덜란드 오텔로에서 개최된 CIAM의 마지막 회의에 참석하였으며, 이 자리에서 타워 도시와 스카이 하우스란 두 가지 계획안을 발표했고 이는 이듬해 있을 메타볼리즘의 주제와 긴밀한 연관이 있는 계획안이었다.

음 정한 모임의 명칭은 'Burnt Ash School'이었다. '다 타버린 잿더미 학파'는 "일본으로부터 시작된, 하지만 전 세계에 적용 가능한 이론에 대한 메시지를 보내"[59]기로 작정하고 매우 일본적인 그러나 세계적으로 통용될 수 있는, 그러니까 지역적이면서도 동시에 보편적인 건축담론을 제시하기로 결정했다.

그래서 도출된 아이디어가 '신진대사(新陳代謝)'였다. 신진대사는 세포의 물질대사란 의미와 더불어 묵은 것이 없어지고 새것이 대신 생긴다는 의미 또한 갖고 있다. 다 타버린 잿더미 학파는 정적이고 기계적인 근대의 도시·건축 이념을 대신하여 생성·순화·변화·윤회 등과 같은 동양적 세계관을 나타내는 개념을 신진대사라는 용어 속에 녹여냈다. 그들은 신진대사의 영어 번역어인 메타볼리즘(Metabolism)으로 그들의 다 타버린 잿더미 학파의 이름을 대신하기로 하고, 드디어 메타볼리즘이란 이름으로 국제건축계에 등장했다.

---

59 「'전통'이 일본 메타볼리즘 그룹의 형성에 미친 영향에 관한 연구」, 권제중, 대한건축학회논문집 계획계 제30권 제8호.

서구건축 타자로서의
출현

메타볼리즘 그룹의 건축담론은 국제 디자인회의에서 히트쳤다. 기쿠타케 기요노리는 해상도시를 발표했고 구로가와 기쇼는 우주도시를 발표했다. 가와조에 노부루는 「나는 조개껍데기가 되고 싶다. 나는 곰팡이가 되고 싶다. 나는 영혼이 되고 싶다.」라는 에세이를 발표했다. 바다를 누비고 하늘을 나는 도시와 건축 계획안이었으며 인간과 자연이 하나 됨을 문학적 향취로 노래한 글이었다. 당시 회의에 참석한, 전설적 아우라를 갖고 있는 미국건축가 루이스 칸(Louis Kahn)은 기쿠타케 기요노리의 스카이 하우스에 초대받아 밤을 새워가며 메타볼리스트과 대화했다. 이후 메타볼리즘 당시의 개념들은 (극히 일부에 불과하지만) 구로가와 기쇼의 나카진 캡슐 타워(中銀 Capsule Tower)등과 같이 실제의 건축물로도 실현되었다.

그러나 메타볼리즘의 전위적 성향과 그들이 제시한 건축적 대안들은 극단적이었다. 해상도시와 우주도시는, 앞서 언급한 바와 같이 바다를 누비고 하늘을 나는 실현 불가능한 관념적인 계획안에 가까웠다. "메타볼리스트 건축가 대부분이 다소 관행적인 실천을 펼쳐나갔다는 사실은 이 운동이 수사적인 전위주의에 불과하다는 사실을 입증해준다."[60]고 말한 케네스 프램튼의 평가는

| 스카이 하우스 |

정당하다.

메타볼리즘이란 건축담론이 갖는 의미는, 그 담론을 구성하는 논리의 치밀함이나 정합성 그리고 그 이론으로 현실화된 건축물의 완성도에 있는 것이라기보다는, 이 담론을 통하여 일본의 건축이 서구건축계의 온전한 일원으로 받아들여질 수 있었다는 점이다. 다시 말해, 서구건축계가 일본의 건축을 그들의 아류가 아닌 그들과 동등한 타자로 인식/인정하기 시작했다는 점이다.

메타볼리즘 그룹이 발표한 기본적인 개념들은 일본 고유의 사상이나 가치관이라기보다는 차라리 범아시아적인 것이라고 해야 할 것이다. 제행무상과 연기(緣起) 그리고 생명의 순환과 집착의 덧없음 등은 불교적 가치관을 갖고 있는 대부분의 동아시아의 국가들이 공유하고 있는 철학이라고 할 수 있다. 신진대사 또한 일본에게만 사용권한이 부여된 독점적 단어가 아니다. 다만 메타

---

60 『현대건축 : 비판적 역사』, 같은 책, p.544. 메타볼리즘에 관련하여 같은 책 (pp.545~546)에 인용된 귄터의 평가는 다음과 같다.
"실제 건축물들이 더 무겁고 딱딱하고 규모 면에서 더욱더 기괴해지는 한, 권력—자신의 권력이든 세속적 기관(사회를 통치하지 말고 봉사해야 하는)의 권력이든—의 표현수단으로 건축이 받아들여지는 한, 더 큰 유연성과 변화를 애호하는 구조들에 관한 이야기는 단지 헛소리에 불관하다. 이 구조(시부야 아키라의 1966년 메타볼릭 도시 프로젝트)를 전통적인 일본 구조 또는 콘라트 바흐스만, 풀러가 제시한 현대적 방법 또는 일본의 에쿠안(Ekuan) 등 어떤 것과 비교해도 1,000년은 뒤떨어진 단순한 시대착오, 적어도 이론과 실천의 의미에서 현대건축의 진보는 아니라고 간주되어야만 한다."

볼리즘 그룹은 이러한 개념들을, 서구의 세계가 이해할 수 있고 또 받아들일 수 있도록 개념적으로 정리하고 건축적으로 구체화하는데 성공했다고 할 수 있을 것이다. '국제건축계'라는 이름의 서구 주도 건축계에서 일본의 건축이 문화적 헤게모니를 획득하고 그들의 일정 지분을 확보할 수 있었던 바탕에는, 문화를 포장하고 유통하고 또 구체적으로 현실화할 수 있는 일본건축계의 축적된 저력이 있었다.

"그러니까 문화전쟁에서는 문화화하는 속도와 능력, 곧 그러한 특질을 일본적인 것으로 규정하는 빠른 언어의 역할이 아주 중요하다는 것이다. 왜냐하면 문화전쟁이란 본디 누구의 것이냐 혹은 원류/원조가 어디냐가 아니라, 누가 혹은 어디서 꽃을 피웠느냐에 따라 종국의 승패가 결정되기 때문이다."[61]

---

61   『건축 없는 국가』, 이종건, 간향 미디어랩, PP.135~136.

4장

잃어버린 10년 전과 후의 건축

전(前),
안도 다다오

서양의 건축가

고대에서 중세에 이르기까지 서구의
건축장인들은 그들만의 전문적 영역을 구축하며 독점적 기술력
을 집적시켰다. 그들은 길드(guild)에 속해 있는 기술자 또는 장인
들로서 그들의 작업내용을 이론이 아닌 기술로써 습득했다.

르네상스시대를 거치면서는 오늘날의 건축가(architect)에 해당
하는 독립적 직능이 확립되었다. 브루넬레스키(Filippo Brunelleschi,
1377~1446), 알베르티(Leon Battista Alberti, 1404~1472), 팔라디오
(Andrea Palladio, 1508~1580) 등은 건축가란 이름으로 서양건축사
에 기록되었다. 조르조 바사리(Giorgio Vasari, 1511~1574)는 그의
저서 『가장 뛰어난 화가, 조각가, 건축가의 삶』[62]에서 직능인으로

서의 건축가를 찬미했다.

근세 이후 서구의 건축은 최상위 수준의 제도권 교육과 인증을 통해 건축가들을 사회적으로 공인하기에 이르렀다. 프랑스는 공립 건축교육기관인 에콜 데 보자르(École des Beaux-Arts)를 통해 엘리트 건축가들을 양성했고, 영국은 영국 왕립건축가협회(Royal Institute of British Architects, RIBA)를 통해 왕실이 인증하는 건축가들을 배출했다.

일본의 건축가

'건축'이란 용어가 서구어 '아키텍처'의 번역어로 확정된 시기는 앞장에서 살펴본 바와 같이 1897년의 일이었으니, 이때를 즈음하여 아키텍트의 번역어로 건축가란 용어 또한 확정되었다고 할 수 있다. 이토 주타는 그의 논문 「'아키텍처'의 본의를 논하고 그 번역어를 선정하여 우리 조가학회의 개명을 바람」에서 '아키텍차(ア-キテクチャ-)'뿐만 아니라 '아키텍토(ア-キテクト)', 즉 건축가의 역할에 대해서도 규정을 내리고 있다.

---

62 『Le Vite de' più eccellenti pittori, scultori e architettori』, 1550년 조르주 바사리가 쓴 책으로 제목과 같이 당대의 유명한 화가와 조각가와 건축가의 삶을 조명했다. 메디치가에 헌정되었으며 미켈란젤로가 서문을 썼다.

"'아키텍차'의 원래 의미는 결코 가옥을 축조하는 것이 아니다…(중략)…분묘, 기념비, 개선문과 같은 것은 결코 가옥에 포함될 수 있는 것이 아님을 생각해봐야 한다. 이들을 계획하는 사람이 '아키텍토'가 아니고서야 누구이겠는가."

그에 따르면 일반적인 집, 가옥 등은 건축이 아니다. 단순한 집에 포함될 수 없는 분묘, 기념비, 개선문 등과 같은 것들을 진정한 건축이라 해야 할 것인데, 이런 진정한 건축을 계획하는 사람들을 비로소 건축가라고 할 수 있는 것이다.

이토 주타를 비롯한 메이지시대의 근대적 건축지식인들은 당대 최고의 국립교육기관인 고부(工部)대학교(1897년 도쿄제국대학으로 개명)에서 서구식 근대교육을 이수한 사회 엘리트 계층이었다. 이들 엘리트 건축지식인들은 서구에서의 건축가의 사회적 위치와 지위를 충분히 이해하고 있었다. 그들은 서구식 개념의 건축 확립과 더불어, 기술자로 인식되던 일본의 건축장인들과는 다른, 일본사회의 새로운 직능인으로서의 건축가의 지위를 확립하고자 했다.[63]

이후 일본건축계는 엘리트주의적 계보를 형성하며 오늘에 이

---

[63] 이에 대해서는 다음 논문을 참조할 것. 「한자 번역어 '건축'의 성립과 그 영향」, 이강민, 대한건축학회논문집(통권 제330호), 2016.4,

르고 있다. 단게 겐조를 본류로 하는 이 인적 계보는 그에게서 사사한 이소자키 아라타(磯崎新, 도쿄대, 프리츠커상 심사위원), 마키 후미히코(槇文彦, 도쿄대, 1993 프리츠커상 수상/심사위원), 구로카와 기쇼(黑川紀章, 도쿄대), 기쿠타케 기요노리(菊竹清訓, 와세다대) 등으로 이어졌고, 이 2세대들에 이어서 이토 도요(伊東豊雄, 도쿄대, 2013 프리츠커상 수상), 시게루 반(坂茂, 쿠퍼유니언대, 2014 프리츠커상 수상/심사위원) 등이 그 다음 세대를 이룬다. 그리고 세지마 가즈요(妹島和世, 2010 프리츠커상 수상), 니시자와 류에(西沢立衛, 2010 프리츠커상 수상), 구마 겐고(隈研吾, 도쿄대) 등과 같은 건축가들로 이어지며 오늘에 이르고 있다. 이들은 모두 일류 명문대 출신으로 대부분 프리츠커상을 수상하였거나 심사위원으로 활동한 건축가들이었으며, 다른 유수의 건축상 수상뿐만 아니라 대학 교수직을 겸직했던 인물들이기도 했다.

이들 파워 엘리트들은 서구건축에 대한 일본건축의 정체성에 대해 고민했고, 서구의 주류 건축담론을 예의 주시했으며, 그 주류의 서사에 편입할 수 있는 독자적 방법을 궁구했다. 또한 패전으로 잿더미가 된 국토와 도시 복구의 전위에 서서 고군분투했고 국가와 공공에 복무하는 건축에 열중했다. 이들 건축가들은 사회가 부여한 지도적 위치 아래에서 국가의 재건과 공공의 기반시설 생산이란 책무를 열성적으로 수행해 나갔다. 이후 일본의 경제와 문화가 민간의 자율성과 자본의 효율성을 추구하는 방향으로 서서히 선회하자, 이들 엘리트 건축가들은 서구건축계가 주목할 만한 좀 더 자유롭고 다양한 건축적 담론들과 결과물들을 생산해내기 시작했다. 일본건축계는, 사회적 지위와 권위에 지극히 예민한 일본사회[64]와 결을 같이하며, 지도적 엘리트 건축가들에 의해 이끌어졌다.

고졸 출신의
건축가

오늘날의 건축가 안도 다다오(安藤忠雄, 1941~)는 전 세계적으로 폭넓은 인지도를 갖고 있는 국제적인 건축가다. 그러나 고졸 권투선수 출신의 건축가 안도 다다오가 1968년 일본 오사카에 그의 설계사무소를 개소했을 때, 엘리트 지향적인 일본건축계는 '출신성분'이 함량미달인 그를 주목하지 않았다. 주목하지 않은 것이 아니라 그의 존재 자체를 몰랐을 가능성이 더 높다. 그러나 안도 다다오는 1979년 일본건축학회상 수상을 비롯하여 다수의 건축 관련 상들을 수상하였으며 1995년

---

[64] 루스 베네딕트는 그녀의 노작 『국화와 칼(The Chrysanthemum and the Sword)』(1946)에서 사회적 지위와 권위, 질서와 계층제도를 신뢰하고 또 복종하는 일본문화의 패턴을 '각자 알맞은 위치 갖기'라고 명명했다.

| 안도 다다오 |

에는 프리츠커상을 수여[65]받으며 일본건축계뿐만 아니라 세계건축계가 주목하는 건축가로 성장할 수 있었다.

안도 다다오는 독서와 여행을 통해 건축을 배웠다. 고졸 출신인 그의 스승은 책과 발품이었다. 그의 여러 저술 등에서 그가 읽은 책과 그 책들에 대한 생각들을 확인할 수 있다. 그가 읽은 책은 당대 서구건축의 혁명적 변화와 관련된 주류 서구건축 서적들이 대부분이었으며, 본인이 속한 동시대의 일본 주류 건축계의 동향 또한 주도면밀하게 관찰했다. 그는 단게 겐조와 시라이 세이치 등에 의해 전개되는 전통논쟁의 과정과 메타볼리즘 건축운동 등에 대해서 밀도 높은 관심을 갖고 있었으며 그에 대한 자신의 생각 등을 기록으로 남겼다.

독서와 더불어 안도 다다오의 중요한 건축적 바탕은 여행이었다. 그는 그의 설계사무소를 개소하기 전에 수 년에 걸쳐 미국·유럽·아프리카·아시아 등을 여행하며 다양한 문화와 지역의 풍토성이 살아 있는 여러 건축물들을 관찰했고 모더니즘건축

---

65 안도 다다오의 1995년 프리츠커상 수상과 관련한 다음의 글은 일본 주류건축계의 '각자 알맞은 위치 갖기'의 보수성을 보여준다. "마틴 필러(Martin Filler)에 따르면, 일본 측에서는 마키(그는 심사위원단을 떠난 지 5년 후인 1993년에 프리츠커상을 수상했다)처럼 좀 더 기득권을 가진 건축가들보다 안도가 먼저 선정되어서는 안 된다고 건의하였다. 안도는 마키가 수상한 지 2년 후인 1995년에서야 프리츠커상을 수상하였다." (격월간잡지《와이드AR》, 통권19호).

의 세계적 전파 양상을 직접 경험했다.

안도 다다오는 오랜 여행 끝에 도착한 인도 바라나시 갠지스강에서의 경험을 자신의 건축관을 결정하는 중요한 순간이었다고 술회했다. 갠지스강에서는 빨래와 목욕, 음수와 설거지 그리고 망자의 백골을 뿌리는 행위들이 함께 이뤄지고 있었다. 삶과 죽음이 한데 얽혀 있는, 그에게는 지극히 충격적인 이 장면을 통해서, 그는 "자신의 작업에서 자유를 강탈당하는 것에 대하여 저항하고, 자신을 믿고, 자신의 책임 속에서, 자신의 힘으로 사회와 싸우겠다"[66]고 결심했다.

사무소를 개소하기 한 해 전인 1968년, 안도 다다오는 프랑스 파리를 여행 중이었다. 당시의 파리는 68혁명이 한창이었다. 안도 다다오는, 보도블럭을 깨서 던지며 '금지를 금지하라'고 외치는 파리의 학생과 노동자와 일반 대중들이 기성체제에 극렬한 저항하는 장면을 목격했다. 사회에서 '각자 알맞은 자리'를 지키며 체제에 순응하는 부끄러움 많은 일본의 소극적인 개인들과는 달리 파리의 그들은 전투적이면 적극적인 개인이었다. 프랑스의 68혁명은 들불처럼 번졌는데 안도 다다오가 일본으로 돌아왔을 때 그 불길은 그의 조국 일본에도 번져 있었다. 68년 일본에서는 대

---

66   『건축을 말한다』, 안도 다다오, 김선일 역, 국제.

| 빛의 교회 |

학생 주도의 전국학생공동투쟁회의(全國學生共同鬪爭會議, 약칭 '전공투')가 진행 중이었다. 투쟁은 일본 공산당마저 보수적 정당으로 규정하며 물리적 실력행사 등을 통해 좌파적 이념의 실현을 도모했다.

안도 다다오에게 갠지스강의 경험과 68년의 경험은 서로 관계하고 있는 듯하다. 기득(旣得), 이미 갖고 있는 것이 전혀 없었던 고졸 복서 출신의 가난한 젊은 청년에게 기성과 기득이란 용어는 개인의 자유를 제한하는 억압의 도구였다.

서구 모더니즘건축의 이념을 독서를 통해 배우고, 여행을 통해 직접 체험한 그에게 르 코르뷔지에와 미스 반 데어 로에 등과 같은 근대건축의 거장들은 새로운 세계에 새로운 건축을 '몽상'과 '광기'로 풀어낸 전위적 인물들이었다. 그러나 그가 파악하기에 근대의 황혼이라고 할 수 있는 60년대란 시대는 코르뷔지에나 미스의 전위적인 건축혼은 흔적 없이 사라지고 효율성과 합리성이란 이름으로 모든 건축이 납작하게 획일화되는 시기였다. 그리고 이 과정에서 개인은 철저하게 소외되었다. 안도 다다오가 생각하는 그의 조국 일본은 "개인이 죽음으로 싸워서 무엇을 쟁취한 적도 없으며, 이것에 대한 집착도 책임감도 없"[67]는 사회였다.

---

67 『주택에 대한 사고』, 안도 다다오, 김동영 역, 국제 (이하 같은 단원 큰따옴표 동일).

안도 다다오가 건축을 시작하던 1960년대 후반에서 1970년대 초반의 일본은 어떤 시대였던가? 패전을 극복하고 전후 복구를 기점으로 성장하기 시작한 일본경제는 그야말로 호황과 활황을 거듭하던 때였다. 주가는 하루가 다르게 상승했고 건설경기는 끊임없이 성장했다. 넘쳐나는 자본은 국가와 기업뿐만 아니라 일반 개인들에게도 흘러들어갔고 평범한 개인들도 자신들의 작은 집을 건축가들에게 의뢰하기 시작했다. 국가기반시설을 포함한 대규모의 프로젝트들은 일본 주류 건축가들에 의해 독점되었고 미래도시나 해양도시 제안 등과 같은 관념적 건축담론 또한 그들에 의해 주도되었다. 이런 상황 속에서 무명 고졸 권투선수 출신의 건축가가 맡을 수 있는 일은 지극히 한정되어 있었지만 그래도 시대의 부는 무명 건축가에게도 작은 일거리나마 제공할 수 있었다. 사무실 개소 초기에 안도 다다오는 주로 작은 집의 설계를 했다.

사무소 개소 초기 안도 다다오는 주류건축계 또는 주류건축가들로부터 외면받고 있는 작은 집들의 주인(개인)들을 위한 주거공간을 열심히 설계했다. 그는 "풍부한 개인이 풍부한 가족, 지역, 국가, 세계를 만들어가는 것이 당연한 것이라고 믿"었다. 그래서 그는 '도시 게릴라 주거'라는 일관적인 테마, 다시 말해서 도시에서 일상을 꾸리는 작은 집의 주인들이 그들의 주거공간 속에서 주체적인 삶을 영위할 수 있는 건축적 방법론에 몰두했다.

스미요시 나가야

　　　　　　절치부심. 안도 다다오는 1976년 스미요시 나가야(住吉の長屋)란 작은 주택을 발표했다. 오사카 서민주거지역 한가운데 위치한 스미요시 나가야는 무장식의 노출콘크리트 정면 파사드에 출입하는 개구부가 오직 하나만이 뚫려 있는 작은 개인주택이다. 스미요시 나가야는 일반적인 주거형식을 깨뜨리는 파격이었고, 그로 인해 정형화된 주거형식에 대한 논란의 중심에 서게 되었다.

　오사카의 서민주거지역인 스미요시는 '나가야'란 건축물들로 채워져 있다. 나가야(長屋)란 그 한자 뜻처럼 '긴(長) 집(屋)'을 의미하는데 나가야는 고유명사가 아닌 일반명사다. 도시주거는 도로와 만날 때 비로소 도시생활에 편입될 수 있다. 도로와 격리된 도시주거는 성립될 수 없는데, 일본 관서 지방의 주도인 오사카 서민 주거의 대부분 (높은 지가(地價)로 인해) 최소의 길이만큼만이 도로와 접해 있고 그 안쪽으로 깊이가 긴 세장한 비례의 직사각형 평면으로 되어 있다. '긴 집(나가야)'이란 이름은 이러한 사정에서 연유하였다.

　기존 대부분의 나가야는 세장한 평면을 꽉 채워 실내공간으로 활용하였고 각 실들을 서로 연접시켜 기능을 긴밀하게 연결시켰다. 그리고 나가야의 입면은 이 집 저 집이 거의 비슷한 외관을 하고 있었다. 나가야는 정형화되고 박제된 주거형식이었다.

건축가 안도 다다오는 이 굳어진 정형의 틀을 비집고 들어가 틈을 벌렸다. 매우 작은 규모의 공간인데도 스미요시 나가야는 기다란 평면을 삼등분하여 가운데 한 덩어리를 통으로 들어내어 중정-외부공간을 만들었다. 그는 이 중정을 삶을 받아내는 '소우주'라고 명명했는데 이 '소우주'는 각 실들을 분리하고 있다. 다시 말해 이 실에서 저 실로 이동하기 위해서는 무조건 '소우주'를 거칠 수밖에 없게 되는 것이다. 방에서 화장실을 가는 경우도 예외 없다. 서로의 실들은 '소우주'를 경유해야만 연결될 수 있는데, 그리하여 이 집에서의 삶은 실내의 안온함을 어느 정도 포기할 때에만 받아들여질 수 있다. 그러나 실내의 안온함을 포기할 때, 비로소 외부의 일기(日氣)에 반응하는 삶 그러니까 하늘과 바람과 별에 반응하는 삶의 감수성은 살아나게 된다.

또한 스미요시 나가야에는 건축적 장식이 부재한다. 처마가 만들어내는 음영이나, 서까래나 인방 같은 건축부재를 통한 입면 비례의 구성적 미감이나, 창살이나 난간살의 공예적 요소 등이 없는 이 작은 집은 표백된 노출콘크리트의 직사각형 입면으로 건축의 겉꼴을 완성하고 있다. 안도 다다오는 건축의 공예적 장식

| 스미요시 나가야의 정면 |

| 스미요시 나가야의 평면도 |
    1층   2층

을 배제하고 근대적 재료(콘크리트)를 극도로 세련되게 정련하여 새로운 건축 미감을 만들고자 했다. 안도 다다오의 이러한 의도는 세계건축계에 노출콘크리트 신드롬을 불러일으키기도 했다.

작은 집 스미요시 나가야에 안도 다다오가 만들어낸 파격과 파장은 그 작은 규모와 반비례한다. 기성, 구태, 정형, 관습, 획일, 익명, 경직성, 몰개성 등으로부터 자유롭고자 했던 고졸 권투선수 출신의 안도 다다오는 1979년 보수적인 집단인 일본건축학회로부터 건축학회상을 수상했다.

'소우주'를 매일 대면해야 했던 스미요시 나가야의 거주자는 비 오는 날에도 우산 쓰고 화장실을 가야 하는 불편함과 한여름 콘크리트 상자 안의 열기로 잠 못 드는 불면의 밤을 호소했다. 그럴 것이다. 그러나 이 집의 거주자는 또한 하늘과 바람과 별 또한 매일 대면했을 것이 분명했다. 스미요시 나가야에는 처음의 집주인이 현재까지도 살고 있다.

스미요시 나가야를 포함한 안도 다다오의 초기 건축은 파격이었고 전위였다. 이 파격과 전위는 주류 건축담론으로부터 자유로울 수 있었던 안도 다다오의 기성과 구태에 대한 저항의식의 표출과도 같다. 그는 당시 엘리트 건축가들에 의해 주도되는 거대한 건축판에서 소외되었던 '개인'을 건축세계 안으로 불러들였다.

주류의 경직성과 구태의 관습으로부터 벗어날 수 있을 때, 건축을 통한 새로운 삶의 방향 제시는 가능할 것이다. 저항하는 고졸 건축가 안도 다다오의 작은 집은 바로 이 지점에서 진정한 의미가 발생한다고 해야 할 것이다.

후(後),
구마 겐고

"서구의 철학은 재료보다 개념을 우위에 둔다. ……하지만 직관과 지성을 결합한…… 지방색을 중시하는 구마 같은 건축가가 국제적인 명망을 얻고 있다는 점은 건축가들 스스로가 건축의 추상적 차원뿐 아니라 구체적인 경험의 소산도 중요하다라고 인정하고 있음을 반증한다."[68]

근대건축의
세계전파

서구에 의해 주도된 근대는 이성과 합

---

[68] 『Kengo Kuma』, 건축과환경, 데이나 번트럭(Dana Buntrock)의 글. p.172.

리를 바탕으로 기성의 구태와 부조리를 전복하고 불가능과 금기의 영역을 해제시켜 나가는 사회 전방위적 시도였다. 시민의 탄생과 더불어 계급적 신분구조는 해체되었고 왕조에 의한 전제주의는 시민에 의한 민주주의로 거듭났다. 기술의 진보는 과학이란 당대의 불가침한 절대근거를 바탕으로 인류 삶의 지평을 획기적으로 확대시켰다. 시장 확대를 위한 서구열강의 팽창과 식민화 사업이 시작되면서 동양을 비롯한 비서구권 국가들에게 서구식 근대가 이식 또는 강요되었다. 외부로부터 강력한 물리력을 바탕으로 맹렬하게 침투해 들어오는 서양세력으로부터 아시아의 근대 또한 시작되었다. 서구의 자주적 근대와 동양의 강요된 근대는 모두 산업화로 귀결되었다.

근대의 건축, 근대건축은 세상개조를 향한 시대적 소명을 위해 복무했다. 근대건축은 '궁전'과 같은 건축에서 '살기 위한 기계'로써의 '주택'으로 내려와 있었다.[69] 이와 더불어 근대의 건축가들은 기차역, 창고, 공장 등과 같은 새로운 공간들을 만들어 나가며 건축으로 혁명을 대체할 수 있을 것이라고 확신했다. 근대건축은 기술의 진보 그리고 콘크리트와 철과 유리란 새로운 재료

---

69 르 코르뷔지에는 그의 책 『건축을 향하여(Vers Une Architecture)』 3차 증보판 서문에서 궁전을 위한 건축에서 도구로써의 주택으로의 시급한 이행을 촉구했다.

를 통해 어떠한 구조적·기술적 제약 없이, 새로운 시대에 부합하는 절대적 '보편성'을 부여받으며 산업화된 전 세계 모든 곳에 골고루 세워졌다.

근대건축이 식민개척의 물살을 타고 아시아로도 흘러들었을 때, 지역별로 교섭하며 수백, 수천 년을 이어오던 아시아의 전통적 사회는 와해되었다. 사회, 정치, 경제, 문화 등 모든 면에서 서구 근대의 침투는 거대한 충격이며 변화의 시작이었다.

건축 또한 예외일 수 없었다. 지역에 뿌리를 내리고 있던 토착적이며 전통적인 지역의 건축은 근대의 변화를 담아내는 도구와 틀로써 철저히 부정되었다. 근대화에 맞춰 변화된 사회구조 속에서 서구의 근대건축은 지역의 전통건축을 대체하였다. 콘크리트와 철이란 강고한 구조재료와 가볍고 투명하며 대규모 양산 가능한 유리란 재료는 식민지의 도시와 건축을 신속하고 견고하게 구축할 수 있는 강력한 물리적 토대였다.

이후 콘크리트와 철과 유리로 된 건축물은 서구, 비서구의 구분 없이 산업화된 국가들의 지배적 건축물로 위치하게 되었다. '미개'하고 '열등'하며 '전근대적인' 아시아의 전통건축은 개화와 근대 사이에서 압사당했다. 일본은 서구열강에 의한 강요된 근대화와 내부의 자발적 근대화를 통해 근대적 생리를 신속하게 습득했고 서구건축을 적극적으로 받아들였으며 근대건축의 건설시스템을 구축했다. 그들은 태평양전쟁의 패전 이후 국토의 복구와 재건 그리고 고도 산업화를 위하여 콘크리트와 철과 유리의 건축물들로 그들의 도시를 채우기 시작했다.

건축가 구마 겐고

1954년에 태어난 건축가 구마 겐고는, 그의 구분에 따르면, 제2차 세계대전 이후 일본건축계의 제4세대에 해당한다. 제1세대 단게 겐조, 마에카와 구니오 등 제2세대 이소자키 아라타, 구로카와 기쇼, 기쿠타케 기요노리, 마키 후미히코 등 그리고 제3세대 이토 도요, 안도 다다오 등에 이은 다음 세대 건축가인 것이다.

일본의 제4세대 건축가들은 1990년대 초 일본 버블경제 붕괴 이후 그러니까 '잃어버린 10년' 시작 이후의 장기불황 속에서 활동했던 (그리고 여전히 불황 속에서 활동하고 있는) 건축가들이라고 할 수 있다. 잃어버린 10년이 30년으로 계속되고 있는 지금, 그들은 주로 대규모 건축물보다는 소형 건축물을 설계하며 거대담론보다는 일상적 담론으로 건축을 풀어나가고 있다. 건축가 구마 겐고 또한 버블경제가 붕괴되는 시점인 1990년에 그의 사무소를 개소했고 지방 소도시의 작은 건축물로 그의 경력을 시작했다.

건축가 구마 겐고는 근대건축에 대한 비판으로부터 그의 건

축을 시작하고 있다. 그런데 이제 근대건축에 대한 공격과 비판은 식상하다. 앞장에서 언급한 CIAM의 해체 이유에서 알 수 있는 것처럼, 그리고 '1972년 7월 15일 오후 3시 32분 근대건축 사망진단'이란 건축사적 에피소드에서 볼 수 있는 것처럼, 근대건축의 '실패'는 재론의 여지가 없다. 혁명을 대신할 수 있으리라 여겨졌던, 세계 어디에도 세워질 수 있는 콘크리트와 철과 유리로 된 국제주의 양식의 근대건축은, 실상, 세계 어디에서도 '기능' 이상의 것들을 담아낼 수가 없었는데, 심지어 '기능'에 의해 희생된 가치들의 기회비용은 '기능'에 의한 한계효용보다 높았다. '기능'은 지역성과 풍토성을 말살시켰고 그로써 장소의 기억을 지워버렸다. 기억상실로 근대인들은 알맹이 없는 삶으로 내몰렸으며 기능과 편리를 부양하기 위한 에너지의 무한공급이 가능하다는 성립 불가능한 가정이 전제되어야 했다. 근대건축은 자본주의와 산업화에 맞물려 현대건축으로 공고히 이어졌다.

구마 겐고의 근대건축 비판 또한 이 범위에서 벗어나 있지 않다. 그런데 그는 건축평론가나 이론가이기에 앞서 전방의 야전에서 활동하는 실무건축가다. 그의 비판은 건축이론이나 비평을 위한 방편이 아닌, 오늘날의 도시와 건축이 노정하고 있는 문제점을 풀기 위한 자문에 해당한다. 근대건축에서 유래한 현대건축은, 이대로 유효한가?

그는 근대건축이 "과도하게 시각에, 물질에 의존하게 만들고, 결국 구심적이고, 구조적이고, 계층적이며, 안팎의 경계가 단절된 폐쇄적인 시스템"[70]이라고 진단한다. 그의 근대건축 비판의 핵심은 폐쇄성이다. 안과 밖이 극명하게 구분되고 중심과 주변으로 이분화되는, 그가 말하는 인클로저(enclosure) 구조가 근대건축의 핵심적 문제인 것이다. 그에 따르면 "인클로저는 도시문제를 해결하지 않"으며 "오히려…닫힌 영역을 만들어 도시 전체 환경을 악화시킨다." 그리하여 그는 인클로저 구조의 닫힌 경계를 넘나들 수 있는 건축을 위하여 약한 건축, 자연스러운 건축, 작은 건축, 연결하는 건축 등을 대안으로 제시한다. 안팎의 경계가 모호하고 주변 환경에 부담을 주지 않으며 자연스러우며 작은데다가 이것과 저것을 연결하는 매개로서의 건축을, 그는 건축 실물을 통해 직접 보여주고 있다.

콘크리트 구조라는
견고한 신화를 넘어

콘크리트와 철과 유리로 완성된 근대건축은 철의 인장응력과 콘크리트의 압축응력을 취하여 철근콘

70　『약한 건축』, 구마 겐고, 임태희 역, 디자인하우스, 이하 큰따옴표 동일.

크리트의 구조를 발전시켰다. 이 구조골격을 근간으로 하여 개구부는 유리로, 나머지는 마감이란 껍질이 씌워져 건축물은 완성된다. 돌의 이해를 바탕으로 차곡차곡 쌓아서 건축을 만드는 방법이나, 나무의 이해를 바탕으로 맞추고 이어서 건축을 만드는 방법 등은 거푸집에 콘크리트를 붓고 껍질을 씌우는 방법으로 일원화되었다. 석조조적식 구조의 건축은 돌을 얇게 가공하여 콘크리트 구조의 겉면에 붙이는 방식으로, 목조가구식 구조의 건축은 나무를 얇게 켜서 콘크리트 구조의 겉면에 붙이는 방식으로 대체되었다.

콘크리트 구조의 건축물은 구조적·경제적 '합리성'을 인정받으며 근현대 도시건축의 근간이 되었다. 구마 겐고는 이러한 콘크리트의 신화를 공격한다. 이 공격은 콘크리트 구조의 폐쇄성, 즉 그가 말하는 인클로저 구조와 콘크리트 표면에 마감을 붙이는 방식, 즉 구조의 구축방식이 은폐되고 껍질(스킨)이 표면을 감싸는 매핑(mapping)[71] 또는 랩핑(wrapping) 방식에 대한 공격에 집중되어 있다.

그리하여 그는 내외부의 경계를 흩뜨리기 위해 깊은 처마 하부 공간과 같은 완충공간을 만들거나(히로시게미술관, 네즈미술

---

71 컴퓨터그래픽의 3D 모델링에서 모델에 표면 재질을 입히는 작업을 말한다.

관), 일본 전통 목조가구식 구조와 같은 비내력벽의 열린 구조에 천착한다. 또한 그는 돌을 쌓거나(돌미술관, 쵸쿠라광장), 나무를 맞춤이음하거나(GC박물관, 다자이후 스타벅스), 흙을 말려 벽돌처럼 쌓거나(안요지〔安養寺〕), 대나무를 구조보강하여 구조재로 사용한다거나(대나무주택), 이런 방법들을 통하여 건축물이 만들어진 꼴을 그대로 노출시켜 건축물을 완성한다. 그는 폐쇄적이며 표층적 수준의 껍데기 포장건축에서 벗어나, 근대 이후 배제되어 왔던 (차곡차곡 쌓거나 정교한 맞춤이음 등과 같은) 건축 만들기 가치의 복권과 물질(건축재료)의 생생함이 선연히 살아 있는 건축을 추구 한다.

돌미술관

구마 겐고는 2000년 일본 도치기현(栃木縣) 나스마치정(那須町)의 작은 마을 아시노(芦野)에 있는 '돌미술관(石の美術館)'을 설계했다. 이 미술관은 다이쇼시대에 지은 돌창고 3동을 미술관으로 리노베이션한 건축물이다. 구마 겐고는 기존 돌창고들을 최대한 보존하고 각 동을 서로 유기적으로 연결하여 짜임새 있고 구성력 돋보이는 미술관으로 완성했다.

원래 있던 돌창고 건축물은 이 지역에서 풍부하게 생산되는 석재인 아시노석(芦野石)으로 만들어졌다. 다이쇼시대 당시까지

| 돌미술관 |

만 해도 목조가구식 구조의 건축물이 지배적인 일본에 석조조적식 구조의 건축물이 세워진 사실이 이채로운데, 일본 개화기 당시 들어온 서구건축에 그 연원이 있을 것이라 짐작된다. 주변에서 쉽게 구할 수 있는 재료(아시노석)를 통해 내구성 있는 창고를 짓기 위해선 나무뼈대 방식보다는 돌벽 방식의 건축이 효과적이었을 것이다.

건축가는 돌창고를 최대한 보존하고 이와 어울리는 분위기를 만들기 위해 돌창고에 쓰인 아시노석을 미술관 전체의 지배적인 재료로 사용했다. 그러나 그는 기존 돌벽 방식의 집이 갖고 있는 무거운 분위기와 실내외의 단절을 극복하기 위해 새로운 시공방식을 시도했다. 그는 구조적 문제가 없는 범위 내에서 얇게 켠 돌을 중간 중간 빼서 쌓는 방식을 시도했는데, 이 빈 공간 사이로 빛과 바람이 들어온다. 내부로 산란된 빛은 따스한 볕과 함께 재실자의 몸을 스치며, 맞바람 치는 청량한 바람은 몸을 쓸고 여기에서 저기로 넘어간다. 꼭 막아야 하는 부위는 6mm 두께로 얇게 자른 대리석을 끼워 넣어 은은한 빛이 스며들게 했다. 또한 외부에는 돌 루버(louver, 얇고 긴 평판형태의 재료)를 만들었는데, 건축가는 '부유하는 돌'의 이미지를 통해 '가벼운 돌'의 감성을 만들어내고자 했다.

구마 겐고는 관습적인 표준 디테일에 의존하지 않고 건축주

| 열린 틈이 보이는 미술관 내부 |

가 제공한 석재 인부들의 풍부한 석재 가공경험과 노련한 시공경험 그리고 집요한 상세연구로 쉽게 볼 수 없는, 그러나 완성도 높은 돌건축을 만들 수 있었다. 돌미술관은 2001년 이탈리아 국제 석조건축상을 수상했다.

히로시게미술관

우키요에(浮世繪)는 일본 무로마치시대에서 에도시대에 걸쳐 제작된 회화를 말한다. 우키요에의 한자 표기 '浮世(부세)'는 '뜬세상'이란 뜻이다. 정처 없이 떠다니는 세상잡사를 그린 그림, 세상의 이런저런 잡다한 모든 것을 그린 그림이 우키요에였다. 그래서 우키요에는 풍속화에서부터 춘화, 미인도, 귀신그림 그리고 전쟁그림 등 매우 다양한 주제를 그림의 대상으로 삼았다. 그 다양한 주제만큼이나 그림을 그리는 목적 또한 다양했다. 책에 들어가는 삽화로, 판매를 위한 초상화나 기록화 등으로, 그리고 성적 자극과 흥분을 위한 춘화로도 그려졌다. 사진기가 없었던 당시에 실감 나는 이해를 위한 종합적인 시각매체의 역할을 하는 그림이 우키요에였다. 초기에는 육필화(肉筆畵), 즉 직접 손으로 그리는 경우가 많았으나 점차 대량생산이 가능한 목판화(木版畵)로 대체됐다.

17세기 유럽으로 수출된 일본 도자기는 '자포네즈리(Japonaiserie)', 즉 일본 문물을 선호하는 취향을 형성시켰고, 19세기 유럽으로 건너간 우키요에는 '자포니즘(Japonism)', 즉 일본 취향을 포함한 일본 미술에 대한 지대한 관심을 촉발시켰다. 우키요에의 강렬한 선과 대담한 색채는 유럽 화단에 강렬한 영향을 미쳤는데, 특히 인상주의 화가인 마네, 모네, 드가, 그리고 반 고흐 등은 우키요에에 심취했고 또 많은 영향을 받았다. 우키요에는 근대 서구에 일본이란 존재를 각인시킨 결정적 요인이었다.

히로시게미술관은 우키요에의 대가인 우타가와 히로시게(歌川廣重, 1797~1858)를 기념하기 위해 지어진 미술관이다. 미술관은 도치기현 나스시오바라시(那須塩原市)의 작은 마을 바토마치정(馬頭町)에 있다.

2000년 구마 겐고가 설계한 히로시게미술관의 지배적 인상은 목재에 의해 결정되고 있다. 건축가는 이 지역 일대에서 생산되는 '야미조(八溝)'라는 삼나무를 루버형태로 만들어 미술관 전체를 감쌌다. 삼나무는 일본이 원산지인 나무로 수분과 습기에 강하고 특유의 향이 있어 내충성이 좋다. 해양성 기후인 일본에서 식육 생장하기 유리하고 또 실용적인 목적으로 사용하기에 적당한 수종이다. 건축가는 이 지역에서 생산되고 또 건축재료로도 적당한 이 나무를 쉽게 지나치지 않았다. 얇게 켜내어 루버로 만든 삼나무가 미술관의 벽면과 지붕을 감싸고 있다.

멀리서 보면 벽면에서 길게 돌출되어 있는 지붕처마가 만들어내는 그림자로 벽면은 어둡게 그늘져 있는데, 그래서 은은한 황금빛의 커다란 지붕이 둥둥 떠 있는 듯한 느낌을 준다. 하지만 목재의 색이 밝기 때문에 무겁거나 불안해 보이지 않는다. 길게 내민 처마 밑을 걸어가면 몸의 바로 옆과 위를 감싸고 있는 따뜻한 질감의 나무 루버와 둥근 조약돌로 가득한 마당, 그리고 미술관 옆 산비탈의 풍경이 합쳐지며 마음이 편해진다. 삼나무로 뒤덮인 박공지붕의 단순한 미술관은 한적한 동네에 안착해 있다.

미술관 내부로 들어가도 지역적인 재료의 사용은 계속된다. 바닥은 인근 마을에서 채석되는 아시노석(芦野石)을 사용했으며, 전시관 내부의 벽지는 이 지역에서 생산되는 와시(和紙, 화지는 일본 전통종이로 우리의 한지와 비슷함)를 사용했다. 건축가가 보여주는 지역에 대한 이해와 애착은 형태와 재료, 그리고 그것들을 만들어내는 생산방식에 걸쳐 매우 밀도가 높음을 확인시켜준다.

히로시게미술관은 그 놓인 지역에서 생산되는 자재를 바탕으로 단순하면서도 조용한 형태로 완성되었다.

네즈미술관

도쿄 한복판, 메이지신궁(明治神宮)에서 시작되는 오모테산도(表参道) 대로는 세계 명품 브랜드들의 쇼케이스장으로 화려하다. 이 대로에 자리잡은 명품 브랜드 매장들은 전 세계 유명 건축가들의 건축물로 화려한데, 네덜란드 건축그룹 MVRDV의 불가리 매장, 스위스 건축가 헤르조그 앤 드 뫼롱(Herzog & de Meuron)의 프라다 매장, 일본건축가 안도 다다오의 오모테산도 힐스, 그리고 이토 도요의 토즈 매장과 구로가와 기쇼의 버버리 매장 등이 오모테산도의 큰길 좌우를 빼곡히 채우고 있다. 이 대로는 초고가의 명품 브랜드의 아우라를 담아내는 시노그래픽(scenographic)한 건축으로 일대 장관을 이룬다. 무수한 명품들과 이 명품들을 갈구하는 사람들로 도쿄 한복판은 흥청이는데, 이 흥청이는 길 끝에 조용한 미술관이 놓여 있다. 이 미술관은 소비와 쾌락으로 북새통을 이루는 신궁 앞 공간을 위로하듯 사색과 휴식의 공간으로 고요하다.

네즈미술관(根津美術館)은 토부 철도사장 등을 역임한 네즈 가이치로(根津嘉一郎, 1860~1940)가 수집한 고미술품 컬렉션을 보전 · 전시하기 위해 1941년 처음 개관했고, 2009년 구마 겐고의 설계를 거쳐 재개관했다. 미술관이 소장하고 있는 컬렉션의 대부분은 한 사업가의 왕성한 수집의 결과물이라고 할 수 있는데, 수집의 대상은 일본을 포함한 동양 고미술의 넓은 장르에 걸쳐 있다. 미술관의 전시관은 한 · 중 · 일 3국을 포함한 동양예술에 관심이 짙게 배어 있다.

고밀도의 도시공간 속에서 정원과 건축과 예술을 함께 통합하는 공간을 구상했다는 건축가의 변은, 미술관 결과물로 판단하건대, 일견 타당해 보인다. 네즈미술관은 스스로를 드러내기보다는 장대한 지붕으로 건축의 큰 꼴을 결정했고 기타의 장식적 수사를 배제했다. 오모테산도 대로변에서 보이는 것은 미술관의 지붕뿐인데 그 지붕 아래는 빼곡히 심긴 나무들로 둘러싸여 있어, 미술관은 현란한 건축의 형태적 수사 없이 지붕의 양감과 그 지붕에 새겨진 잔잔한 기와무늬로만 건축의 존재를 드러내고 있다.

미술관의 지붕은 깊이 4미터에 이르는 거대한 처마를 이루며 처마 밑 반(半)외부공간을 만들어내고 있다. 이 처마 밑 공간을 천천히 걸어가면 전시관 입구에 이르게 되고 전시관 내부로 들어서면 정원으로 열린 거대한 유리벽을 마주하게 된다. 이 유리벽 너머에는 날카롭게 정돈된 일본 특유의 정원이 펼쳐져 있고, 그 정원 사이사이에는 소박하지만 정연한 비례로 반짝이는 일본의 다실이 놓여 있다.

네즈미술관은 오모테산도를 수놓은 자의식 가득한 형태과잉의 건축물들과는 사뭇 다른 결로 다가온다. 그것은 판매를 목적으로 하는 상업시설과 전시를 목적으로 하는 전시시설이란 건축 용도의 근본적인 차이에 기인한다고 할 것이다. 팔기 위해서는 돋보여야 하며, 돋보이기 위해서는 '튀어야' 하는 것이 시각 중심

| 네즈미술관 로비로 진입하는 입구 |

| 네즈미술관 내부 전경 |

적인 오늘날 소비사회의 속성이다. 그리하여 도쿄 한복판 금싸라기 땅 위에는 튀어야 버틸 수 있는 건축물들로 가득하다.

격변과 격절, 오욕과 영광이 교차했던 메이지시대를 천황이란 구심점으로 살아냈던 메이지 천황 부부. 그들의 공덕을 기리기 위한 메이지 신궁의 앞길은 반짝반짝 튀는 건축물들로 뒤덮여 있는데, 그 길의 화려함과 번잡함은 신궁이란 공간과 겉돌며 따로따로의 영역을 구축하며 서로를 외면하고 있다.

그래서 도심 한복판 네즈미술관이란 존재는 더욱 소중해 보인다. 건축가의 바람대로 지붕과 유리벽으로 구성된 미술관의 단출한 형태와 공간은 번잡함으로 격리된 신궁의 공간을 위로하고 또 위무하며, 정원과 건축과 예술을 한데 엮어내며 도쿄 한복판 숨통으로의 역할을 다하고 있다.

구마 겐고의
자리

오늘날 콘크리트 구조의 건축물은 정밀한 구조계산과 파라메트릭 디자인 툴을 이용하여 극단적인 형태까지도 어렵지 않게 만들어낼 수 있다. 건축가의 디자인 영감은 구조전문가와 시공전문가 그리고 파사드(facade) 전문가와의 역할분담을 거치며 장대하고 화려한 형태로 완성된다. 건축가는 형태부여자(form-giver)로 복무하며 만들기의 과업은 해당 전문가들에게 분산된다.

케네스 프램튼은, 건축의 구축된 모습을 은폐하고 표면을 장식처럼 마감하는 비텍토닉(atectonic)적인 건축이 자본주의와 상업주의의 배경으로 작동하고 있는 오늘날의 상황을 우려한다. 건축이 자본에 종속되고 상업화에 포획되어 볼륨과 스킨과 같은, 즉 덩어리의 양감이 만들어내는 육감적인 자태나 건축 마감재료의 화려한 시각적 특질에만 매몰되어가는 상황에 대한 우려인 것이다. 프램튼은 건축 만들기(tectonic)의 가치 복원을 통하여 시노그래픽으로 기능하는 건축의 회복을 주장한다.

건축가 구마 겐고는 근대 이후 '개념'[72]이라는 추상성이 '물질'이라는 구체성을 억누르는 상황, 즉 몸을 매개로 살아가는 인간이 구체적 물질로부터 소외되어 개념으로만 매몰되는 '지위의 전도'의 역전을 시도한다. 이를 위하여 구마 겐고는 견고한 경계로 폐쇄된 인클로저 구조를 해체하여 안에서 안달복달 지지고 볶는 일상의 영역을 바깥까지 확장시킨다. 그리고 그는 "건축을 구성하는 여러 요소인 소재, 색, 촉각, 냄새 같은 다양하고 풍부한 정

---

[72] 『Kengo Kuma』, 건축과환경, p.18, 이하 작은따옴표 동일.

보."[73]의 가치를 복원하여 다시금 건축에 부여하며, 사용자 자신의 신체감각으로 이를 느끼며 그동안 격리되어 왔던 건축을 통한 감수성의 회복을 도모한다. 또한 여기에 동원되는 재료들은 그 건축물이 놓이는 지역과 장소에서 생산되는 것들이 우선시되는데, 이는 (공업 생산된 표준화된 건축재료가 아닌) 그 지역의 정서에 공명하는 재료들로써 그 건축물이 놓인 장소의 의미를 고양시킨다.

건축가 구마 겐고는 개념보다는 재료를, 추상성보다는 구체성을, 형태와 표면의 시각적 특질보다는 만들어진 방식 자체와 여기서 우러나오는 신체 감각과 오감의 살아남을 우위에 둔다. 돌미술관이나 히로시게미술관 등 그가 초기에 설계한 소규모 건축물들에는 그의 이러한 건축적 의도가 밀도 높게 반영되어 있다.

현재 전 세계 여러 곳에서 많은 일을 수행하고 있는 그의 건축에서 초기 건축의 순도를 확인하기는 어렵다. 그러나 그가 지속적으로 던지고 있는 건축 관련 이슈들은 충분히 주목할 만하며 일본건축의 제4세대와 그 이후 세대의 건축가들에게 탈근대 그리고 그 너머로의 시선전환을 유도하고 있다.

73　『약한 건축』, 앞의 책, p.58.

5장

포스트 3·11

동일본대지진과
'모두의 집'

동일본대지진

　　2011년 3월 11일 일본 동북지역 해저에서 모멘트 규모 9.0의 대지진이 발생했다. 3·11대지진 또는 동일본대지진으로 불리는 재앙적 수준의 지진은 더불어 발생한 쓰나미와 함께 일본 동부 연안 일대와 인접한 내륙 일부를 궤멸적 수준으로 타격했다. 자연의 거대한 1회의 타격으로 일본 동부 일대 일상의 삶은 순식간에 마비되었다.

　　더 큰 문제는 지진 여파에 따른 후쿠시마 원전의 방사능 유출이었다. 정량화된 데이터를 통한 내진설계와 설비적 안전장치는 지진과 쓰나미의 압도적 물리력 앞에서 무력했다. 심각한 수준의 방사능 유출이 발생했고 후쿠시마를 포함한 원전일대는 거주

가 불가능한 지역으로 소개(疏開)되었다. 방사능 물질의 반감기는 초·분·시 단위가 아니고 일·월·년 단위를 뛰어넘는다. 수천 년에서 수만 년이 넘는 일부 방사능 물질의 반감기는 인간을 포함한 모든 생명체의 생체시간을 비웃는다. 플루토늄은 오직 플루토늄 내부의 시간 경과를 통해서만 반감될 뿐이다. 플루토늄의 반감기에 인간의 의지가 개입될 여지는 전혀 없는데, 플루토늄의 반감기 앞에서 인간은 완벽하게 무력하다. 지진과 쓰나미의 파괴는 1회적인데 반해, 원전 사고의 여파는 장기적이고 상시적이다.

지진과 쓰나미의 압도적 자연력과 유출된 (그리고 아직도 유출되고 있는) 방사능으로 하루아침에 거주공간을 포함한 삶의 물리적 기반을 잃어버린 수십만 명의 이재민들이 발생했다. 전 세계 매체들이 보도한 대지진 이후 일본인들이 보여준 침착성은 실로 놀라운 장면이었다. 무라카미 하루키가 쓴 것[74]처럼 일본인들은 지진이나 태풍 등이 불러일으키는 카타스트로프(대재앙)의 도래

---

74 "일본인은 지진이나 태풍처럼 자연이 불러일으키는 카타스트로프(대재앙)와 함께 살아온 민족이다. 극단적으로 표현하자면, 자연이 빚어내는 폭력성은 무의식적으로 정신 안에 프로그래밍되어 있다. 사람들은 마음속 어딘가에서 늘 카타스트로프의 도래를 준비하고 있으며, 그 피해가 아무리 막대하고 부조리해도 이를 악물고 이겨내는 법을 배워왔다. '제행무상'이라는 말은 일본인이 가장 사랑하는 서취 중 하나다―모든 것은 변해간다. 일본인은 붕괴를 견뎌내면서 덧없음을 깨달으면서 끈기 있게 설정된 목표를 향해 나아가는 민족이다."
『잡문집』, 무라카미 하루키, 이영미 역, 비채, p.221.

를 항상 준비하고 있었던 것처럼 보였다. 그러나 물적 토대 없이 살 수 있는 생명은 없다. 의식주, 즉 옷과 밥과 집이 순식간에 없어진 이재민들에게 필요한 것은, 카타스트로프를 버텨내는 정신력과 더불어, 옷과 밥과 집이었다. 그들에게 옷과 밥이 당장에 지급되어야 했고 당장을 버텨낼 집이 공급되어야 했다.

대자연과 건축

인류 건축의 시작은, 앞장에서도 말한 바 있거니와, 가혹한 자연으로부터의 보호처(shelter)로서 시작되었다. 풍찬노숙하던 인류가 밥 짓고 옷 짓고 집 짓고 살기 시작하면서 문명은 시작되었는데 복식사와 음식사와 건축사는 인류 생존을 위한 분투에서 비롯되었다. 그러나 이 분투에서 인간이 몰패당하는 경우는 허다했다. 자연은 때때로 경악할 만한 힘을 보여주었는데, 이 파괴력 앞에서 인간의 삶은 한순간에 결딴나기도 했다.

'불의 고리'는 환태평양 조산대에서 발생하는 재앙적인 재해를 은유하고 있는 표현이다. 불의 고리에 정확히 걸쳐 있는 일본 열도에서 지진과 쓰나미에 의한 대재앙은 피할 수 없는 숙명이었다. 1923년 간토대지진, 1948년 후쿠이대지진, 1995년 고베대지진으로 수천, 수만 명이 사망했고 수십만 명의 이재민이 발생했다. 2011년 모멘트 규모 9.0의 동일본대지진은 일본 지진 관측 이래 최대 규모였다. 일본정부의 공식 피해 집계 발표에 따르면 사망자 수 15,879명, 실종자 수 2,712명, 이재민 수 33만 명 이상(2012년 12월 집계 기준) 그리고 재산피해액은 약 25조 엔(250조 원) 이상에 이르는데, 비공식적인 추정치까지 고려하면 그 규모는 월등히 높아질 것으로 예상된다. 피해지역에 살아남은 생존자들은 한순간에 이재민이 되었으며 이들에게는 즉각적으로 옷과 밥이 지급되었고 비바람을 피할 수 있는 공간이 공급되었다.

피해 직후, 이재민들의 거주를 위한 긴급대응은 인근 학교 체육관 등과 같은 대규모 공공건축물에 이재민들을 집단수용하는 것으로부터 시작되었다. 이 긴급조치는 그야말로 비바람과 추위를 간신히 면하는 수준으로, 수용된 이재민들은 최소한의 프라이버시조차 확보할 수 없었다. 그리하여 일본정부의 대응은 즉각적으로 다음단계인 가설주택 공급 단계로 전환되었다. 피해지역이 복구되어 원래의 터전에 영구 거주할 수 있기 전까지 이재민들은 중앙정부 등에서 제공되는 가설주택에서 지내게 되었다. 이 가설주택은 용어의 뜻과 같이 임시로 설치하는 주택으로 '임시'가 경과되면, 즉 피해복구가 완료되면 폐기되는 것을 전제로 만들어지는 주택이다. 가설주택은 용도의 특성상 저비용으로 신속하게 공급되어 설치될 수 있어야 했다.

이렇게 공급되는 가설주택은 거의 대부분 컨테이너박스와 같은 저비용의 표준화된 조립식 구조물로 동일 부지 내에 대량 공급되어 병렬식으로 배치되었다. 긴급한 수요발생과 정부 주도의 공급방식에서 가설주택은 수요자 중심이 아닌 공급자 중심의 시스템 안에서 기획되었다. 행정 매뉴얼에 근거하여 시급한 공급을 주도해야 하는 정부와 대규모 물량의 가설주택을 단시일 내에 공급해야 하는 생산업자들과의 이해관계 속에서 가설주택은 건축행위가 아닌 제품양산이란 관점에서 취급되었다. 이 과정에서 실사용자(이재민)의 의사가 반영될 수 있는 부분은 지극히 제한적이고도 형식적일 수밖에 없으며, 건축행위가 아닌 제품양산이란 측면에서 다뤄졌기에 건축가가 개입할 수 있는 여지 또한 없었다. 이렇게 공급되는 가설주택은 협소한 공간과 획일화된 평면 그리고 테라스나 발코니 같은 외부 공간 또는 완충 공간 등의 부족, 획일적이고 단조로운 대규모 병렬배치 등으로 많은 문제점들을 노출시켰다.

건축가 이토 도요는 "도시에 무수히 존재하는 원룸이나 2DK(방 두 개, 거실, 주방) 맨션을 단층으로 병렬시킨 것이 가설주택"[75]이라고 정의하며 "가설주택의 구조만큼 사회와 단절된 개인을 가

---

75 『내일의 건축』, 이토 도요, 이정환 역, 안그라픽스, 이하 큰따옴표 및 작은따옴표 동일.

시화한 예는 없을 것"이라고 말하며 획일화된 가설주택(공급계획)을 비판했다. 지진과 같은 자연재해에 당하여 건축가로서의 사회적 역할에 대해 고민하던 이토 도요는 동일본대진 직후인 3월 말에 건축가 야마모토 리켄(山本理顯), 나이토 히로시(內藤廣), 구마 겐고, 세지마 가즈요 등과 함께 '기신노카이(歸心の會, 귀심회)'를 결성하여 지진피해 복구에 대한 건축가의 사회적 역할에 대한 물음에 실천으로 응답했다.

모두의 집

　　　　　　이토 도요를 중심으로 결성된 건축집단 기신노카이는 "지진피해와 복구를 함께 생각하고 행동하는 것"을 목적으로 결성되었다. 이 모임은 대량으로 공급되는 가설주택의 획일화와 표준화 그리고 이로 인한 주거환경의 몰개성에 따른 문제에 대하여 건축가로서의 해답을 궁리하기 위해 '모두의 집(みんなの家, Home for All)'이란 프로젝트를 추진했다.

'모두의 집'은 가설주택이 대량 병렬배치되는 지역에 모두가 모일 수 있는 집(사랑방과도 같은 공간)을 목표로 지어지는 공공공간이었다. 프라이버시가 거의 확보되지 못하는 긴급대응공간과 사생활이 철저하게 격리되고 은폐되는 가설주택 사이에서 이재민 각각의 개인들은 고립되고 소외되고는 했는데, 이토 도요는 이 개인의 고립과 소외를 해소하는 방법으로 매우 단순한 해법을 제시한 것이었다. 다만 모일 수 있는 최소한의 물리적 공간을 넘어서, "열 명 이상이 모여 앉을 수 있는 커다란 테이블이 있는 장소, 함께 식사하거나 술잔을 기울일 수 있는 장소"가 될 수 있는 적극적인 대면공간이 되는 것을 '모두의 집' 계획의 핵심가치로 설정했다.

'모두의 집'은 센다이시(仙臺市)를 비롯한 여러 피해지역에 설치되었는데, 이 중 리쿠젠카타시(陸前高田市)에 설치된 '모두의 집' 건설과정의 기록들은 2012년 베니스 비엔날레 건축전(이하 '건축전')에 출품되었다. 일본은 이 '모두의 집' 전시로 국가관 최고 영예인 황금사자상을 수상했다.

리쿠젠타카시에 설치된 '모두의 집'은 일본관 커미셔너인 이토 도요를 중심으로 세 명의 신진건축가, 이누이 구미코, 후지모토 소스케, 히라타 아키히사에 의해 설계되었다. 이들은 '모두의 집'을 공동설계하며 '개인적인 자기표현' 욕망을 넘어 피해지역 이재민들의 소박한 요구에 공명할 수 있는 단순한 구조와 형태가 되도록 협업했다. 모두의 집은 쓰나미에 의한 염해로 말라죽은 삼나무가 기둥으로 사용되어 툇마루와 테라스가 있는 2층 규모의 작은 집으로 완성되었다. 이토 도요는 이 집을 통해 소외된 개

| 모두의 집 내부 |

https://en.wikiarquitectura.com/building/home-for-all-in-rikuzentakata/

인과 단절된 인간관계 회복 그리고 이를 통한 공동체 가치의 부
활을 소망했다.

베니스 비엔날레는 미술전과 건축전이 격년으로 개최되는데,
비엔날레의 특성상 미술전과 건축전 모두 강한 사회적 메시지에
주목한다. 전쟁과 여성, 빈곤과 기아, 사회적 약자와 소수자에 대
한 차별과 억압, 세계화와 지역화 사이에서의 갈등 등과 같은 이
슈들이 비엔날레의 주된 주제들이었다. 2012년 베니스 비엔날레
에서 일본이 출품한 '모두의 집' 전시가 비엔날레 최고상을 수상
할 수 있었던 가장 큰 이유는, 기획의 참신함이나 완성도와 더불
어, 주제 선정 자체에 높은 이유가 있었다.

2012년 건축전에서 총감독 건축가 데이비드 치퍼필드((David
Chipperfield)가 제시한 주제는 'Common Ground(공통 기반)'이었
다. 이 주제는 현대건축이 지향해야 하는 공통된 기반이 무엇이
어야 하는지를 묻고 있다. "모두를 위하고 공통적인 조건을 통해
이루어지는 행동을 기초로 우리 사회와 건축가들이 지녀야 하는
기본적 태도는 무엇이어야 하는가?"란 주제 설명은 건축(가)의
윤리에 대해 묻고 있다.

대자연의 압도적 위력을 또 한 번 뼈저리게 경험한 이토 도요
와 일본의 젊은 건축가들은 건축에 필요한 공통적인 기반이 무
엇이어야 하는가란 질문에 대하여 '여기에, 건축은, 가능한가(こ

こに 建築は 可能か’라는 자문을 전시의 타이틀로 던지며 ‘모두의 집’으로 대답을 대신하였다.

포스트 3·11

　　　　　　　　노도와 같은 근대화와 산업화를 거치며 현대의 도시와 건축은 극단적인 양적 팽창을 이뤘다. 그리고 이 자장(磁場) 안에서 건축가들은 모더니즘과 레이트모더니즘과 네오모더니즘과 포스트모더니즘 그리고 디컨스트럭티비즘 등과 같은 근대에서 유래하고 파생된 각종 이즘(사조) 속에서 현학적이고 관념적인 건축을 추구했다. 또한 후기 자본주의에 포섭된 오늘날의 스타키텍트들은 건축의 상업화, 상품화를 위해 의식, 무의식적으로 복무하고 있다. 근현대건축은 철저하게 공급자들에 의해서 주도되었다. 이 과정에서 그 건축물 안에서 살아가는 사람들은 정작 그 건축으로부터 소외되었으며 자본의 논리는 건축에 있어 윤리의 개입을 허용하지 않았다.

　그러나 시간은 흐른다. 이제 우리는 건축에서 소외된 개인과 소거된 윤리에 대해 생각한다. 건축가 마시밀리아노 푹사스(Massimiliano Fuksas)는 ‘좀 덜 미학적인, 좀 더 윤리적인(Less Aesthetics, More Ethics)’ 건축을 호소[76]했으며 건축가 데이비드 치퍼필드는 현대건축의 ‘공통 기반’이 무엇이 되어야 하는지를 물었다. 존 헤이덕(John Hejduk), 케네스 프램튼, 게복 하투니안 (Gevork Hartoonian) 등과 같은 서구건축의 지성들은 후기자본주의의 자장 안에 놓인 채 이에 대해 완벽하게 무기력하게 전락한 현대건축을 끊임없는 공격하고 대안을 모색한다. 구마 겐고는 작은 건축, 약한 건축 등을 이야기하고 있으며 이토 도요는 모두의 집에서 마을 사람들이 얼굴 맞대고 서로 교류하는 모듬살이 가치의 회복을 주장한다.

동일본대지진은 2011년 3월 11일 14시 46분에 발생한 1회적인 사건이었지만 이 지진의 피해는 아직도 현재 진행 중이다. 거대한 자연재해는 성장이 멈춘 일본, 자본주의에 종속된 채 여전히 근대적 건축도시계획이념에 의해 견인되고 있는 일본의 도시와 건축을 순간적으로 각성시켰다. 작고 단순한 집 한 채 '모두의 집'은 제로성장에서 마이너스성장으로 넘어가고 있는 일본사회와 건축계에 작은 이정표가 되는 사건이었다.

---

76 2000년 제7회 베니스 비엔날레 건축전에서 총감독 마시밀리아노 푹사스는 '좀 덜 미학적인, 좀 더 윤리적인' 주제를 제시하였다.

삼저주의
시대의 건축

『마천루』와
『여름은 오래 그곳에 남아』

1905년 러시아 페트로그라드(현재 레닌그라드)에서 태어난 에인 랜드(Ayn Rand)는 대학 졸업 이듬해인 1923년 '억압이 점증되어 가는 소련을 탈출'[77]하여 '세계에서 가장 자유로운 나라이며, 개인주의의 나라, 성취의 나라' 미국으로 망명했다. 그녀는 1943년 소설 『마천루(the Fountainhead)』[78]를

[77] 『마천루』, 김원 역, 도서출판 광장, '작가에 대하여' 중, 이하 작은따옴표, 큰따옴표 동일.
[78] 원서명 『Fountainhead』. 우리나라에서는 1988년 도서출판 광장에서 『마천루』란 제목으로 출간되었다. 2011년 휴머니스트 출판사에서 원서명을 우리말 발음 표기한 『파운틴헤드』로 새롭게 출간했다.

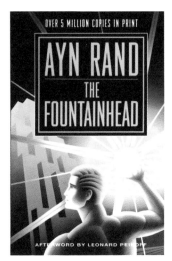

| 『마천루』의 표지 |

발표했는데, 이 소설은 당대 미국의 도시와 건축 그리고 한 천재 건축가의 광기 어린 창작열과 자유의지를 다루고 있다.

클래식 리바이벌, 그러니까 서양 고전건축의 조합과 반복을 통한 복고적인 양식(樣式)건축으로 미국 보수 주류건축계를 대표하는 건축가 피터 키팅과, 기성과 전통을 깡그리 부정하며 모더니즘의 합리성과 기능주의로 완벽하게 새로운 건축을 추구하는 (저자는 부정했지만, 미국 건축가 프랭크 로이드 라이트를 모델로 했다고 여겨지는) 하워드 로크가 소설 속 두 주인공이다.

자신을 '급진적인 자본주의자'로 규정하는 저자 에인 랜드는 박제된 전통을 거부하고 개인의 자유를 억압하는 일체의 모든 것을 부정하며, 새로운 세상을 받아낼 수 있는 창조적 개인의 무한한 자유의지를 긍정했다. 그녀는 "자신의 행복을 인생의 도덕적인 목적이라고 생각하고, 생산적인 업적을 쌓는 것을 가장 고상한 활동이라고 생각하며, 이것을 유일한 지침이라고 생각하는 사람을 영웅적 존재"라고 생각했는데, 그녀가 창조한 하워드 로크

| 마천루로 완성된 도쿄의 전경 |

는 이에 절대적으로 부합하는 인물이었다.

건축가 하워드 로크는 천재적이며 이기적이고 또 영웅적이며 마초적인데 그의 천재적 광기가 번뜩이는 소설 속 배경은 1930~40년대 포디즘[79]이 지배하고 있던, 수십 층짜리 마천루가 수도 없이 세워지던 미국의 뉴욕이었다. 당시 뉴욕을 비롯한 미국의 주요 대도시는 더 넓고, 더 크고, 더 높은 그리하여 거대하고 우뚝하며 잔뜩 발기한 남근적 마천루로 가득 차기 시작했다. 하워드 로크는 거대한 마천루를 설계하며 미국의 대도시를 변화시켜 나가는 이상적이며 영웅적인 건축가의 상징이었다. 이성과 합리와 포디즘 그리고 기술력과 창조성과 마천루는 작가가 생각하는 시대적 당위이자 미덕이었다.

일본 소설가 마쓰이에 마사시(松家仁之)는 2012년 『여름은 오래 그곳에 남아』[80]란 소설을 발표했다. 이 소설 또한 건축가와 건축을 소설의 핵심 소재로 다루고 있다. 소설의 배경은 계속되는 경제호황으로 부동산 투기 광풍과 건설경기 붐이 이어지던 1982

---

79 Fordism(포드주의). 포드사(社) 자동차 생산 공장의 컨베이어벨트 시스템에서 유래한 것으로 조립라인 및 연속공정 기술을 이용한 표준화된 제품의 '대량 생산과 대량 소비의 축적체제'를 일컫는 말이다.

80 원서명 『火山のふもとで(화산 자락에서)』. 우리나라에서는 2016년 비채에서 『여름은 오래 그곳에 남아』란 제목으로 출간되었다.

년의 일본이었다.

소설의 주인공은 노(老)건축가와 그를 존경하는 젊은 건축가이지만, 소설은 극적 긴장을 위해 노건축가와 그와 비슷한 연배의 다른 건축가를 병치했다. 일본건축가 요시무라 준조(吉村順三)[81]를 모델로 했다고 여겨지는 주인공 노건축가 무라이 슌스케는 작고 소박하고 내밀하며 수공예적인 건축을 지향한다. 또한 인간 척도에 대해 깊이

『火山のふもとで(화산 자락에서)』의 표지

고민하는 동시에 건축물이 불러일으키는 인간 감수성의 변화를 예민하게 관찰하고 자연적인 소재를 중시하며 건축물이 놓이는 장소의 성격을 면밀하게 파악하는 그러나 도드라져 보이기를 즐기지 않는 건축가인데, 단게 겐조를 모델로 했다고 여겨지는 후나야마 게이이치는 거의 정확히 무라이 슌스케의 대척점에 서 있는 건축가로 설정되어 있다. 건축가 후나야마 게이이치는 공업생산된 표준화된 재료를 바탕으로 크고 장대하며 위엄 있는 건축을

---

81 일본건축가 요시무라 준조는 미국 건축가 프랭크 로이드 라이트와 안토닌 레이몬드의 영향을 받았으나, 일본적 감수성을 잃지 않았다. 그는 동경예대 건축과 교수를 역임하였는데 우리나라 건축가 김수근이 그에게서 사사한 것으로 알려져 있다.

추구한다. 그는 현학적이며 관념적인 이론으로 자신의 건축을 설명하며 보는 이들의 이목을 집중시킬 수 있는 도드라져 보이는 건축을 추구한다.

소설의 시대적 배경인 1982년의 일본건축계에서는 (마치 단게 겐조가 그러했던 것처럼) 후나야마 게이이치는 주류건축가로 우뚝하고 국가 주도의 공공 발주 건축물들을 수없이 수행하는 엘리트 건축가인데 반해, 무라이 슌스케는 조용하고 고요하며 잔잔한, 모더니즘의 세례를 받았으나 그 모더니즘의 교조성에 빠져들지 아니하며 합리적이나 기능주의에 함몰되지 않는 일본적 섬세함과 감수성을 자연스럽게 건축화하는 은자나 수도사 같은 건축가로 묘사되어 있다.

버블경제의 붕괴 이후 잃어버린 10년이 20년으로 이어지고 또 30년으로 이어지고 있는 오늘날 일본에서 고성장, 고신장, 고소득 등은 이미 잃어버린 단어들이 되었다. 소설가 마쓰이에 마사시는 소설 속 작중 인물들을 통해 후나야마 게이이치의 건축을 불편해하며 무라이 슌스케의 건축을 편애한다. 이 불편과 편애는 (소설가 개인의 취향일 수도 있겠으나) 소설이 발표된 2012년의 일본, 그러니까 장기 경제불황과 건설경기의 쇠퇴, 도심 건축물의 공실률 증가 그리고 이 모든 것들에 따른 가정과 개인의 고립과 소외에 지친 일본사회와 건축에 대한 회의를 불러일으킨다.

이 소설은 더 이상 넓고 크고 높은 그래서 거대하고 우뚝한 건축을 지탱할 수 없는 사회 또는 그러한 것들이 불필요한 사회에서, 좁고 작고 낮은 그러나 그로 인해 좀 더 알맹이에 집중할 수 있는 그런 새로운 건축에 대한 대안적 시선으로 의미 있어 보인다.

『마천루』와 『여름은 오래 그곳에 남아』 두 소설은 당대의 현실과 긴밀히 연결되어 있는 건축의 모습을 보여주고 있으며, 동시에 건축을 통해 당대의 사회적 열망 또는 기대 등을 묘사하고 있다. 건축은 그 홀로 고립되어 있지 아니하며 사회에 의해 이끌리며 또 전위의 자리에 서서 사회를 견인하기도 한다.

진보가 막을
내리는 시대

1945년 태평양전쟁의 패전 즈음, 원폭으로 히로시마와 나가사키 두 도시가 산화되었고 무수한 공습으로 수도 도쿄는 잿더미가 되었다. 6·25전쟁(그들에게는 한국전쟁)을 발판으로 다시 일어서기 시작한 일본의 경제는 1960년이 채 되기도 전에 패전국의 폐허를 극복했음을 대내외에 선언했다. 이후 무역흑자는 계속되었고 내수시장 또한 항상 활황이었다. 보유외화는 계속해서 늘어났고 개인들의 저축액도 계속해서 증가했다.

| 오래되고 작은 주택들로 채워진 교토의 골목 |

넘쳐나는 자본은 부동산과 주식으로 흘러들었다. 일본 기업과 개인들은 모두 부동산을 사들였고 땅값은 몇 년 사이에 2배, 3배 치솟았다. 부동산은 토지뿐만 아니라 그 위에 정착해 있는 건축물 또한 포함한다. 땅값과 더불어 수없이 많은 건축물이 세워졌고 또 그 값어치 또한 상승했다. 주식은 부동산과 동반상승했다. 증권시장은 후끈 달아올랐다. 1984년 초에 일본증권지수는 최초로 1만선을 돌파했는데 1989년 말 이 지수는 거의 3만 9천선에 육박했다. 주식가치가 5년 만에 4배 가까이 증가한 것이었다. 일본의 부동산과 증권은 실제의 가치보다 비정상적으로 높이 평가되었다. 고도성장기의 일본경제는 거품이 부글부글 끓어오르는 형국이었다.

그런데, 거품은 임계치에 이르면 터지게 마련이다. 매우 자명한 현상인데, 일본과의 무역 불평등에 불만을 품은 구미 국가들의 압박으로 일본경제의 거품이 퐁퐁 터지기 시작했다. 계속해서 오르기만 하던 니케이지수는 1990년을 기점으로 떨어지기 시작했다. 그리고 계속해서 떨어졌다. 전후 수십 년간 호황과 활황을 거듭하던 일본경제가 불황의 장기터널로 진입하기 시작했다. 한껏 끓어오르며 부풀어 올랐던 거품이 터지기 시작하면서 여기저기서 비명이 터져 나왔다. 서로를 순환하며 견인하고 있던 버블경제와 부동산시장과 건설경기가 나락으로 떨어졌다. 당시 청년기를 보냈던 소설가 무라카미 하루키는 일본 버블경제의 거품이 터지는 이 순간을 '지옥의 문'이 열리는 순간이라고 했다. 버블이 터지는 그 시기 도쿄에 있는 한 공동주택 설계에 관여했던 건축가 구마 겐고 또한 준공 후 갑자기 터져버린 거품으로 상당한 피해를 입었는데, 그 또한 당시를 '절망지옥'[82]이라고 술회했다. 이때 열린 지옥의 문은 아직까지도 닫히고 있지 않으며, 완벽하게 닫힐 가능성 또한 희박해 보인다.

건축가 구마 겐고와 사회평론가 미우라 아쓰시가 일본의 오늘을 진단하며 대담한 내용을 정리한 책『삼저주의』첫 번째 장의 제목은 '진보가 막을 내리는 시대'다. 여기서 진보는 정치적 용어가 아닌 발전, 성장 등을 의미하는 경제지표로써의 진보 그리고 그동안 진보라고 여겨졌던 그러나 이제는 재고되어야 할 기존의 다른 사회적 · 문화적 가치 등을 의미한다.

미우라 아쓰시와 구마 겐고는, 일본 여성들이 고학력, 고소득, 고신장의 '삼고'적 남성에서 저위험, 저의존, 저자세의 '삼저'적 남성으로 호감의 방향이 바뀌었다고 이야기하면서, 건축 또한 위대함, 고상함, 고층을 지향하는 건축에서 저층, 저자세, 작음, 저탄

---

82 『삼저주의』, 구마 겐고, 미우라 아쓰시, 안그라픽스, 이하 별도 표기 없는 작은따옴표, 큰따옴표 동일.

소, 낮은 가격 등의 작은 주택(건축)이 호응 받는 '삼저현상'의 시대라고 진단했다.

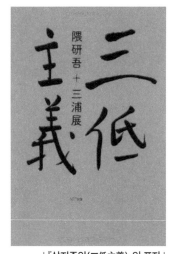

| 『삼저주의(三低主義)』의 표지 |

구마 겐고는 전후 일본건축계의 흐름을 다음과 같이 파악했다. 전후 1세대 건축가인 단게 겐조와 마에카와 구니오 등은 패전 후 국가재건을 위한 토건의 전위에서 거대건축물을 최신의 기술로 설계했던 '고(高)'의 건축가들이었다. 그들을 이은 2세대 건축가인 마키 후미히코와 이소자키 아라타 등의 건축가들 또한 엘리트의식과 세련되고 현학적인 건축담론을 바탕으로 건축을 하는 '고'의 건축가들이었다. 그런데 3세대인 안도 다다오와 이토 도요 등과 같은 건축가들은 사뭇 1, 2세대들과는 결이 다른데, 작은 주택으로 스타가 된 안도 다다오나 '소비라는 바다에 건축을 띄운다'며 '그다지 강하지 않은 변색되기 쉬운 상업적인' 건축물로 주목을 받은 이토 도요는 '고'에서 '저'로 잠시 내려왔으나, 브랜드화하게 된 그들의 건축은 '숭배의 대상'으로 다시 '고'의 위치로 올라서게 되었다.

그러나 거품경제의 붕괴, 저성장의 지속, 경제 불확실성의 증가 등은 단순한 경제지표를 넘어 후기 자본주의적 관성에 의해 추동되는 오늘날의 일본사회 전체를 제약하고 또 압박하고 있다. 변해야 하는 것이다. 더 이상 삼고적 건축이 유효할 수 없는 사회구조 속에서 삼저도시와 삼저건축의 필요성에 대한 역설이 『삼저주의』 첫 장 '진보가 막을 내리는 시대'의 주된 내용이다.

　저자들은 제이콥스의 『미국 대도시의 삶과 죽음』이란 책제목을 인용한 것이 분명한 두 번째 장 '20세기 도시의 삶과 죽음'을 통해서 (일본의 도시를 포함한) 근대적 도시계획의 실패를 언급하고 있으며, 구마 겐고가 말하는 '인클로저' 건축, 그러니까 견고한 경계로 외부와 단절된 채 실내의 공간 속에서 지지고 볶는 현대의 삶을 '몰(mall)로 변해가는 세계'라고 평가했고, 이러한 쇼핑몰 같은 건축으로 몰개성, 획일화되어가는 일본 도시의 현상을 '도시의 패스트 풍토화', '도시의 이온화'라고 표현했다. 그들은 '더는 아무도 원하지 않는 근대'라고 진단했으며, '콘돔을 뒤집어쓴 남근' 같은 건축과 도시를 부정하며 삼저도시 그리고 삼저건축의 도래를 전망하고 있다.

**잊혔던 가치의 부활,
부정되었던 가치의 복권**

　　　　　일본경제에서 건축투자가 차지하는

비중은 버블경제가 한창인 시기에는 20%를 상회하였으나, 버블이 꺼지면서부터는 계속해서 줄어들기 시작하여 2017년 현재는 한 자리 숫자로 내려앉았다. 반세기 만에 일본 건설경기는 반토막이 넘게 잘려나간 것이다. 과거와 같은 정부 주도의 대규모 사회기반시설 발주는 대폭 감소했으며 민간건설의 규모 또한 그만큼 위축되었다. 건설물량이 반으로 줄어들었다는 것은 건축설계의 양도 그만큼 줄어들었다는 것을 의미한다. 현재 일본경제 구조로 판단하건대 건설투자비중의 반등은 어려울 것으로 예상되며 오히려 계속해서 줄어들 것으로 전망된다.

OECD 국가들, 특히 유럽이나 미국, 캐나다 같은 서구 국가들의 건설투자비중은 약 7~8% 내외를 유지하는 반면, BRICs 국가들[83]이나 멕시코 등과 같은 개발도상국가들의 건설투자비중은 20%를 넘어 30%에 육박하기도 한다. 이 상대적인 수치는, 선진국들은 경제발전과정을 통해 축적한 건설자본 스톡(stock)이 포화상태 또는 안정상태에 이르렀음을 의미한다. 그동안 많은 건물을 지었으니 더 이상 불필요하게 건물의 총량을 증가시킬 필요가 없는 것인데, 그래서 선진국들의 건설투자 방향은 건축물을 완전

83　브리질(B), 러시아(R), 인도(I), 중국(C), 남아프리카공화국(S) 등 고도 경제성장을 구가하고 있는 5개국을 말한다.

히 새로 짓는 신축보다 리노베이션, 리모델링 등의 비중이 개발도상국들에 비해 상대적으로 높다.

일본의 건설자본 스톡 또한 이 상태에 도달한 것으로 평가될 수 있는데, 이 과거에 비해 줄어든 건설투자마저 대규모 신축보다는 소규모 신축이나 낡은 것을 되살리는 건축이 주를 이루고 있으며 그 정도는 심화될 것이 분명하다.

그런 의미에서 『삼저주의』에서 언급하고 있는 삼저적 도시와 건축의 내용들은, 그 대담의 방향이 다소 산만하고 여러 소주제들이 분산되어 있으나 일별할 가치가 있다.

'낡은 것 되살리기', '도쿄의 버내큘러', '기억상실형 도시 부수기' 그리고 '시간을 공유하는 주거방식' 등과 같은 소주제들은 삼저도시와 삼저건축을 향한 과정이자 지향점이라고 할 수 있다. 이 소주제들은 새로짓기보다는 고쳐짓기, 즉 타블라라사를 근간으로 하는 근대적 도시건축계획에서 벗어나 삶의 흔적을 기억할 수 있는 탈근대적인 새로운 도시와 건축에 대한 가치와 의미에 대해서 서술하고 있다.

숨 가쁘게 달려온 일본 근현대사 속에서 서구 모더니즘은 하나의 표준이며 교본이었다. 생활방식과 가치관 그리고 그 틀로써의 도시와 건축은 서구적인 것으로 일변했다. 화혼양재란 체는 모든 것을 걸러낼 수 없었다. 이성과 합리, 발전과 진보라는 이름

뒤에 사라진 유무형적인 일본의 고유 가치들이 너무나도 많았다. 메이지유신이란 개벽과 더불어 우마차가 달리던 비포장도로는 자동차가 달리는 포장도로로 바뀌었는데 일본 근대도시들은 대로와 광로에 의해 크고 넓게 구획된 대지로 나뉘었고 작은 필지에 작은 규모로 서 있던 작고 오래된 건축들은 가차 없이 스러졌다. 일본 현대도시는 기억상실된 근대도시의 산물인 것이다.

그런데 '기억이야말로 삶의 알맹이'[84]가 아니던가? 그 삶의 알맹이를 잃어버린 도시 속 삶은 껍데기를 붙잡고 사는 꼴이라고 할 수 있다. 과거를 보존하지 못하여 현재의 내(우리)가 누구인지 모르며 그리하여 미래를 열어갈 근거를 잃어버린 기억상실의 도시. 이 기억상실의 도시 속에서 전통(기억)은 장식이나 고전적인 미적 취향 정도의 수준에서 취급되며 상업적으로 소비될 뿐이다. 이것이 근대에서 유래한 현대 일본 대도시의 삶과 죽음이다. (정작, 모더니즘이 태동한 유럽의 오래된 도시들은 유구한 역사와 전통을 지극히 잘 보존하고 있다. 이 비극적 역설!)

서구 모더니즘은 성기(盛期) 자본주의의 왕성한 작동과 이로

---

84   『살아 있는 시간』, 이종건, 궁리, p.26. "기억이란 과거를 보존할 뿐 아니라 현재로 연장되어 미래를 열어가는 것으로서…기억이야말로 삶의 알맹이라 할 수 있다…삶의 실재성은 기억의 정도에 따른다"는, 베르그송의 시간과 기억에 대한 이종건 교수의 풀이 또는 견해는 지난 시간과 기억에 대한 가치를 새삼 상기시킨다.

인한 고성장으로 지탱되었다. 서구 모더니즘의 거장 건축가들은 거대한 건축 수요를 신속하게 충족시킬 수 있는 새로운 건축을 완성시켜 나갔다. 근현대건축의 이론과 담론 그리고 건축의 거장들은 성장과 진보의 산물이었다.

그러나 (서구 선진국들은 물론이려니와) 일본경제는 이제 저성장에서 제로성장으로, 제로성장에서 마이너스성장으로 진입하고 있다. 『삼저주의』에서 진단하고 있듯이, 일본은 더 이상 삼고적 건축을 지탱할 수 없는 사회이며 또 그러한 건축이 더 이상 불필요한 사회로 이행하고 있다.

일본건축의 미래를 구체적으로 예상하는 일은 어려우나, 그 진로의 큰 틀을 짐작하는 것은 크게 어렵지 않다. 더 이상 크고 높게 짓는 것이 불필요하고 비합리적인 만큼 작고 낮게 짓는 건축이 주를 이루게 될 것이다. 현학적 철학이나 관념적인 거대담론보다는 생활에 딱 달라붙어 있는 일상의 철학이 스며든 건축이 환영받게 될 것이다. 덧붙여 자본에 복무하기보다는 좀 덜 자본적인, 좀 더 윤리적인 건축이 일본건축을 포함한 세계건축계에 조금이나마 그 자리를 잡을 수 있기를 희망해본다.

타자로서의 일본건축

현재의 일본건축에 직접 연결되는 흐름을 거슬러 올라가면 메이지시대의 건축에 도달하게 되는데, 메이지 건축을 조사해 보면, 서양건축에 이르게 된다. 서양건축을 도입하는 것에서부터 출발한 메이지의 건축가들은, 서양의 역사적인 건축에 대한 공부로부터 시작하지 않으면 안되었다. 그 출발은 서양건축의 모방에서 시작되었지만, 이윽고 모방을 거쳐 창조가 건축가의 과제로 되어갔다.

– 『모방과 창조의 공간사』, 하즈다 토오루

식민의 삶은 고달픈 줄 모른 채 고달프다. 서세동점의 세계사 속에서 일본을 포함한 동아시아세계 대부분의 국가들은 강요된 근대와 단절된 전통 사이에서 혼절을 거듭했다. 개벽 같은 변화 속에서 정체성과 주체성이 개입될 수 있는 여지는 없었다. 서구의 압도적 기술문명 앞에서 열등감은 내면화되어갔고 서구의 학문, 서구의 과학, 서구의 예술, 서구의 철학 등은 반드시 도달해야 될 지고의 목표이자 따라야 할 지침이었다.

　건축과 도시 또한 예외일 수 없었다. 동아시아 목조가구식 구조의 일본건축은 메이지시대의 도래와 더불어 서양건축 문화로 급격히 편입되었다. 이 편입은 그야말로 전광석화같이 이뤄졌다. 메이지시대의 건축가들은 서양의 근대적 기술을 근간으로 하여 서양건축을 모방하기 시작했다. 목조가구식 구조의 2,000년 일본건축은 근대적 철근콘크리트의 몸체에 석조조적식 구조의 외양으로 일신되었다. 이를 위해 당대의 일본건축가들은 고대 그리스 로마부터 로마네스크와 고딕과 르네상스와 바로크와 로코코 등에 이르는 건축양식과 규범을 습득해야만 했다. 일본 최고의 국립대학교에서는 서양건축가를 교수로 초빙하여 서양건축교육의 커리큘럼으로 일본의 '서양'건축가들을 양성했다.

　일본은 타율적 개항과 자율적 근대화를 거치며 동양 속 '서양' 국가로 거듭났다. 일본은 정치적 식민화를 경험하지는 않았으나, 개항과 근대화의 충격 그리고 서구에 대한 내면화된 열등감으로 서구지향적 삶으로 내몰렸다. 화혼양재란 메이지의 구호는 희망

사항이었을 뿐 정신적인 것과 물질적인 것을 완전히 분리시킨다는 것은 불가능한 욕망일 뿐이었다. 일본의 근대건축은 서구 근대건축의 기반 위에서 성립되었다.

그러나 정체성은 타자의 출현으로부터 비로소 시작된다. 계속되는 모방의 피로가 임계점에 다다랐을 때, 일본건축은 불현듯 모방이란 가면을 인지하게 되었다. 일본의 진정한 근현대건축은 이 지점에서 시작되었다고 할 수 있을 것이다.

이후 단절되고 격리되었던 일본의 전통건축은 빈번히 소환되었다. 나무기둥과 기와지붕 그리고 세장한 입면비례 등과 같은 표층적 건축요소들로부터 구조원리나 공간구성 그리고 배치특성에 이르는 심층적 요소들이 줄줄이 소환되었다. 이 과정에서 서양건축과 일본건축의 이종교배를 통한 혼성이 이뤄졌다. 일본의 근현대건축가들은 서양건축에 일본건축을 섞고 일본건축에 서양건축을 접붙였다. 단게 겐조나 요시무라 준조 같은 일본 근대건축의 거장들은 이러한 이종교배를 성공적으로 수행했으며 그 다음세대인 마키 후미히코나 이소자키 아라타 등과 같은 건축가들은 그 혼성의 결과물들을 서구 중심의 세계건축계에 강렬히 각인시켰다. 이 기반 위에서 안도 다다오나 이토 도요, 세지마 가즈요나 구마 겐고 같은 건축가들은 세계적 건축가의 반열에 오를 수 있었다.

'겐치쿠'란 새로운 용어의 탄생은 일본의 건축이 그 이전과는 확연히 다른 차원으로 옮겨감을 의미하는 것이었으며, 일본건축계는 이 사실을 정확하게 인지하고 있었다. 일본건축은 서구건축의 좌표 위에 자신의 위치를 정위했다. 그들이 이 새로운 차원으로의 이동을 인지하고 있었다는 사실은 중요하다. 자신의 위치를 알고 있다는 것은 나아가야 할 방향을 능동적으로 설정할 수 있음을 의미하기 때문이다. 일본건축은 서구건축의 역사를 공부했고 서구건축의 이론과 담론을 이해했으며 서구건축의 룰을 습득했다. 그들은 이 바탕 위에 일본의 전통과 버내큘러를 이식하는 창조적 혼성을 통해 그들의 정체성 확보를 도모할 수 있었다. 동시에 그들은 서구건축의 무시할 수 없는 타자로 받아들여졌다.

일본에 의한 식민지배와 6·25전쟁의 난리 그리고 급박한 근대화와 산업화의 과정 속에서 한국건축은 고달픈 줄 모른 채 맹목적인 양적팽창과 무비판의 서구모방 속에서 표박했다. 한국건축은, 마치 벡터 아닌 스칼라처럼, 자신의 위치를 모른 채 그리고 어디로 향하는지를 모른 채 숨 가쁘게 뛰기만 했다. 이 땅 위에 서 있는 수많은 모방과 표절과 정체성 부재와 주체박약의 건축물들은 그렇게 힘겹게 서 있다. 타자로서의 일본건축 이야기는, 이 지점에서 우리에게 중요한 의미가 있다고 해야겠다.

서른의 끝자락에 다시 읽는 게바라와 파농은 스산합니다. 마흔을 채 넘기지 못한 두 젊음의 삶은 신산했습니다. 둘 모두 의사란 기득권을 버리는 데 주저하지 않았으며, 삶과 죽음이 무시로 갈리는 전장으로 나아감에 있어 흔들림이 없었습니다. 그들은 온 생애를 통해 인간 삶의 가치와 평등이 무엇이어야 하는지를 저들의 몸을 세상에 던져가며 보여주었습니다. 두 젊음 모두는 압제에 맞서기를 주저하지 않았으며 치열한 투쟁을 통해 주체적인 삶, 그러니까 나와 우리가 나와 우리로서의 삶을 살 수 있기를 강렬히 희망했습니다.

나는 게바라와 파농의 영웅적 이미지를 이야기하는 것이 아닙니다. 나는 다만 그들이 품었던 삶에 대한 열정과 주체적 삶을 향한 자기반성과 실천의지를 말하고 싶습니다. 한 달 밥벌이를 위해 매일을 근신하며 개미노동에 종사하는 일이 나는 부끄럽지는 않습니다. 나의 노동으로 나와 내 처자식이 살아갈 수 있기 때문인데, 이 개미노동을 통한 얇은 내 월급봉투를 부끄럽고 근천스럽다고 할 수는 없을 듯합니다.

그러나 나는 게바라와 파농의 삶 앞에서 한없이 쪼그라듭니다. 날마다 주어지는 먹고사니즘의 생물학적 과업에 종속되어 생각하기를 주저당하고 실천하기를 포기당하는 이 나라의 청장년의 삶 또한 스산합니다.

다른 이의 욕망을 나의 욕망으로 욕망하지 아니하며, 내가 나의 주체로서 온전한 나의 삶을 살아낼 수 있기를, 그리하여 나는 나의 밥벌이가, 다만 내 생물학적 연명의 바탕이 아닌, 나의 노동의 자존을 확립하고 더 나아가 우리 식 건축하기의 작은 생각의 씨앗이 될 수 있기를 소망해봅니다.

이 글의 8할은 3호선 전철 안과 9701 광역버스 안에서 쓰였습니다. 출퇴근 길 위에서 기진맥진 쥐어짜진 글들은 자주 진로를 잃고 방황했는데, 그때마다 꽉 막힌 원고 앞에서 섬뜩함을 느껴야 했습니다. 서푼 지식과 짧은 생각으로 무모한 글쓰기에 욕심을 낸 것 같다는 생각이 들었기 때문입니다. 그래도 시작한 글이기에 마쳐야 했습니다. 무라노 도고나 시라이 세이치같이 (우리에게 잘 알려져 있지는 않지만) 매우 매력적인 일본건축가들이나, 근대 이후 벌어진 일본건축계의 치열한 전통논쟁 등에 관한 이야기들도 하고 싶었지만 시간의 한계 앞에서 포기해야만 했습니다. 간신히 책을 출간하는 입장에서 훗날을 이야기하는 것이 민망한 일이지만 만약 기회가 된다면 이런 아쉬움을 풀 수 있었으면 좋겠다는 생각도 했습니다.

졸필졸고의 원고를 받아주신 주신 궁리 이갑수 대표님께 감사드립니다. 한참이나 늦은 원고를 어진 인내심으로 기다려주신 김현숙 편집주간님께 감사드립니다. 그리고 다른 모든 궁리 식구들께도 감사드립니다.

낮에 일하고 밤에 학교 다니면서, 그 짬짬이 글 쓰고 술 마시랴 남편노릇 아빠노릇을 제대로 하지 못했습니다. 아내와 어린 딸에게 미안한 마음과 고마운 마음 함께 전합니다. 두 사람의 응원으로 이 글을 무사히 마칠 수 있었습니다.

어린 학생 때부터 접한 '건축의 존재와 의미', '해체주의 건축의 해체', '중심이탈의 나르시시즘' 등의 책들은 건축의 이곳저곳으로 저를 인도해주는 하나의 항로표지 같은 존재였습니다. 불혹 코앞의 나이에 어설프게 끝낸 이 책에 이종건 선생님께서 써주신 발문이 감개무량합니다. 이종건 선생님께 존경과 감사의 마음을 전합니다.

아버지의 침대가 수술실로 들어가고 문이 닫혔을 때, 아내와 누나를 등지고 딸아이를 안은 채 한참을 있었습니다. 두 돌 딸아이를 안고 있어서 다행이라고 생각했습니다. 열 시간 가까운 수술을 마치고 인사불성으로 침대에 누워계신 아버지의 모습을 보고 또 어머니를 등지고 한참을 있었습니다.

시간은 앞으로만 간다는 그 지극히 당연한 사실 앞에서 지난 시간이 붙잡을 수 없이 홀연히 사라지는 기분이었습니다. 허물어지는 모래성처럼 쓸려나가는 시간 앞에서 삶의 끝장에 대해 생각하며 무섭고 또 슬펐습니다. 힘겨운 투병을 이어가고 계신 사랑하는 내 아버지와 간병을 위해 무수한 쪽잠을 주무셔야 했던 사랑하는 내 어머니께 이 책이 작은 기쁨이었으면 합니다. 아버지, 어머니를 사랑합니다.

· 참고문헌 ·

단행본 ——

· 윤장섭, 2000,『일본의 건축』, 서울대학교출판부, 서울

· 오다 히로타로(太田博太郎), 박언곤 역, 1994,『일본건축사』, 발언, 서울

· 무라타 겐이치(村田健一), 김철주&임채현 역, 2009,『일본전통건축기술의 이해』, 한국학술정보(주), 파주

· 야나부 아키라(柳父章), 김옥희 역, 2011,『번역어의 성립』, 마음산책, 서울

· 이상우, 1999,『동양미학론』, 시공사, 파주

· 프란츠 파농(Frantz Fanon), 노서경 역, 2014,『검은 피부, 하얀 가면』, 문학동네, 파주

· 이종건, 2013,『건축 없는 국가』, 간향미디어랩, 서울

· 이상헌, 2017,『한국 건축의 정체성』, 미메시스, 파주

· 루스 베네딕트(Ruth Fulton Benedict), 김윤식&오인석 역, 2008,『국화와 칼』, 을유문화사, 서울

· 하즈다 토오루(初田亨), 김동영 역, 2003,『모방과 창조의 공간사』, 보문당, 서울

· 정창석, 2014,『만들어진 신의 나라-천황제와 침략 전쟁의 심상지리』, 이학사, 서울

· 김기수, 2000,『일본의 현대건축』, 이석미디어, 서울

· 서현, 2012,『사라진 건축의 그림자』, 효형출판, 파주

· 조현정, 2011,『일본 '전후 건축'의 성립-단게 겐조의 히로시마 평화공원(시대의 눈)』, 학고재, 서울

· 케네스 프램튼(Kenneth Frampton), 송미숙 역, 2017,『현대건축:비판적 역사』, 마티, 서울
· 단게 겐조(丹下健三), 최창규 역, 1976,『인간과 건축』, 산업도시출판공사, 서울
· 단게 겐조(丹下健三), 최창규 역, 1976,『건축과 도시』, 산업도시출판공사, 서울
· 안도 다다오(安藤忠雄), 김선일 역, 2000,『건축을 말한다』, 국제, 서울
· 안도 다다오(安藤忠雄), 김동영 역, 2000,『주택에 대한 사고』, 국제, 서울
· 출판사 편집부, 2009,『Kengo Kuma』, 건축과환경, 서울
· 구마 겐고(隈研吾), 임태희 역, 2009,『약한 건축』, 디자인하우스, 파주
· 구마 겐고(隈研吾), 임태희 역, 2010,『자연스러운 건축』, 안그라픽스, 파주
· 구마 겐고(隈研吾)&미우라 아쓰시(三浦展), 이정환 역, 2012,『삼저주의』, 안그라픽스, 파주
· 구마 겐고(隈研吾), 이정환 역, 2013,『연결하는 건축』, 안그라픽스, 파주
· 구마 겐고(隈研吾), 임태희 역, 2015,『작은 건축』, 안그라픽스, 파주
· 무라카미 하루키(村上春樹), 이영미 역, 2011,『잡문집』, 비채, 서울
· 이토 도요(伊東豊雄), 이정환 역, 2014,『내일의 건축』, 안그라픽스, 파주
· 에인 랜드(Ayn Rand), 김원 역, 1988,『마천루』, 광장, 서울
· 마쓰이에 마사시(松家仁之), 김춘미 역, 2016,『여름은 오래 그곳에 남아』, 비채, 서울
· 이종건, 2016,『살아 있는 시간』, 궁리, 파주

국내 정기 간행물 및 논문집 —
· 이강민&전봉희, 2007,「베트남 목구조의 두 가지 전통」, 대한건축학회 논문집 계획계 제23권 제11호, 서울
· 이강민, 2016,「한자 번역어 '건축'의 성립과 그 영향」, 대한건축학회 논문집 계획계 제32권 제4호, 서울
· 김영철, 2016,「건축과 아키텍처 개념의 정의와 비교연구」, 대한건축학회 추계 학술발표대회 논문집 제36권 제2호, 서울

· 정영숙, 2013, 「Architectureの訳語をめぐって(아키텍처 번역어에 대한 조사)」, 일본근대학연구 제42권 제42호, 부산

· 황보봉, 2014, 「엔타시스와 배홀림에 관한 건축사적 고찰 : 법륭사(호류지)건축론을 중심으로」, 대한건축학회연합 논문집, 제16권 제3호, 서울

· 한지만, 2011, 「일본건축사의 선구자들-1」, 건축역사연구 제20권 제4호(통권 77호), 서울

· 권제중&이강업, 2010, 「일본 근대건축에서 서양 모더니즘 의 수용에 관한 연구」, 대한건축학회 논문집 계획계 제26권 제4호, 서울

· 조현정, 2008, 「일본 전통논쟁과 타자, 조몬적인 것」, 일본비평 제13호, 서울

· 조현정, 2013, 「전후 일본 건축의 일본적 정체성」, 미술사와 시각문화 제12호, 서울

· 조현정, 2014, 「전후 일본예술의 종합담론」, 미술사학보 제43집, 서울

· 정인하, 1995, 「단게 겐조와 요시무라 준죠 그리고 김수근의 전통론 비교 연구」, 대한건축학회 논문집 제11권 제8호, 서울

· 마랴 사르비마키(Marja Sarvimaki), 2002, 「"UNIQUE" JAPANESE ARCHITECTURE : How about Chinese and/or Korean influence」, 한국건축역사학회 2002년 춘계 학술발표대회, 서울

· 아다치 겐(足立元), 박소연 역, 2005, 「1950년대 전위예술에서의 전통논쟁-이사무 노구치의 영향을 중심으로」, 한국미술연구소 제20호, 서울

· 도요카와 사이카쿠(豊川斎赫), 최재혁 역, 2017, 「1950년대 일본 건축과 모던 아트의 협동-단게 겐조가 세 그룹에서 펼친 활동을 중심으로」, 한국근현대미술사학 제34집 2017 하반기, 서울

· 최필성, 2003, 「건축문화의 세계화와 식민화에 관한 연구」, 대한건축학회 논문집 계획계 제19권 제11호, 서울

· 권제중, 2014, 「'전통'이 일본 메타볼리즘 그룹의 형성에 미친 영향에 관한 연구」, 대한건축학회 논문집 계획계 제30권 제8호, 서울

· 김기수&이상준&옥신호, 2000, 「2차 세계대전 이후 일본건축계의 주요논쟁에

관한 고찰-1950년대 전통논쟁과 메타볼리즘 이론」, 대한건축학회 논문집 제2
권 제1호, 서울
· 류재호, 2008, 「일본의 메타볼리즘 건축운동에 있어서 메타몰포시스 개념의
철학적 의미에 관한 연구」, 대한건축학회 논문집 계획계 제24권 제12호, 서울
· 김은혜, 2016, 「1964년 도쿄 올림픽과 도시 개조」, 한국사회사학회 제109집,
서울

학위논문 ─
· 김소연, 2007, 「탈식민주의 담론으로 본 해방 전후 한국건축가의 정체성」, 부
산대학교 박사논문, 부산
· 최우용, 2018, 「단게 겐조 건축에 나타난 일본적 전통의 특성에 관한 연구」, 서
울시립대학교 석사논문, 서울

국외문헌 ─
· 伊東忠太, 1894, 「'アーキテクチュール'の本義を論じ其訳字を撰定し我が造家
学会の改名を望む」, 建築雑誌 90號, 東京
· 伊東忠太, 1894, 『日本建築の研究』, 龍吟社, 東京
· 井上章一, 1994, 『法隆寺への精神史』, 弘文堂, 東京
· Kenneth Frampton, 2012, 『Kengo Kuma : Complete Works』, Thames and
Hudson Ltd, London
· Arata Isozaki, 2006, 『Japan-ness in Architecture』, The MIT press, London

웹사이트 및 웹문서 ─
· https://www.pritzkerprize.com (프리츠커상 홈페이지)
· https://ja.wikipedia.org/wiki/伊東忠太 (위키피디아 저팬)

일본건축의 발견

1판 1쇄 찍음 2018년 12월 20일
1판 1쇄 펴냄 2019년 1월 3일

지은이 최우용

주간 김현숙 | **편집** 변효현, 김주희
디자인 이현정, 전미혜
영업 백국현, 정강석 | **관리** 김옥연

펴낸곳 궁리출판 | **펴낸이** 이갑수

등록 1999년 3월 29일 제300-2004-162호
주소 10881 경기도 파주시 회동길 325-12
전화 031-955-9818 | **팩스** 031-955-9848
홈페이지 www.kungree.com | **전자우편** kungree@kungree.com
페이스북 /kungreepress | **트위터** @kungreepress

ⓒ 최우용, 2019.

ISBN 978-89-5820-561-6   03610

값 15,000원